왕만 사는 나라

죽은 돈이 왕질하고 갇힌 힘이 갑질하는

왕만 사는 나라

김분임 지음

내가 믿고 있는 경쟁력의 힘이 헬조선의 시작이고
내가 믿고 있는 결과주의 돈이 헬조선의 중심이다!

생각나눔

머리말

    ✒ 이 글은 특정된 인물도 한정된 공간도 아닌, 시내버스라는 이동 공간에서 25년 동안 수많은 사람들의 스쳐 가는 모습들을 보며 우리 사회 문제를 고민하면서 쓴 글이다. 열린 곳 낮은 자리에서, 민초들의 처절한 삶을 틀에 박힌 학문적 이론으로 접근한 것이 아니라 있는 그대로의 보이는 현상에서 사회적 문제를 반문하고 추론하면서 '인간의 삶이 과연 무엇인가? 그리고 인간은 과연 어떻게 살아야 하는가?'라고 하는 가마꾼, 즉 시내버스 기사의 고민을 엮은 책이다.

    『왕만 사는 나라』는 '학문적 구분법으로 철학이네, 인문학이네, 사회·정치·경제 등으로 특정할 수 없는 인간의 삶 자체가 최고의 학문이 아닌가.' 하는 날카로운 시각으로 세상을 바라보며 우리 사회현실을 통렬히 비판하는 에세이 문학이라고 할 수 있다. 이 책을 보는 이들이 일반적인 갇힌 공간에 사는 삶이라면 누구도 보일 수 없는, 이동하는 찰라의 순간에 세상을 통찰하고 시내버스라는 긴박한 환경 속에서 쓴 짧고 통쾌하게 누구나 찔릴 만큼 아픈 나의, 우리의 삶의 이야기다.

결과주의와 갇힌 지식에 의해 인간이 서열화되고 자본주의·물질 문명의 껍질에 의해 인간이 도구화되어 더불어 살아야 할 사회적 바탕이 무너진 오늘의 피폐한 현실에서, 인간의 삶 가치의 근원이 무엇인지 한번쯤 되돌아보면서 공존가치를 생각하는 느낌이 있는 책이 되었으면 하는 것이 저자의 바람이다.

'자본주의 경쟁력이라는 화려한 단어에 포장되는 힘의 가치로 인해, 인간으로서 지켜야 할 내면적 정신세계를 잃어버리고 스스로가 멈출 수 없는 탐욕의 포로가 된 현실에서 자본주의는 이제 한 시대의 종말을 서서히 불러오고 있지 않는가.'라고 느끼면서.

교육이라는 이름으로 인간을 가두어서 감각적 기능을 퇴화시키는 지식과 화려한 포장의 힘으로 인간의 정신을 먹어버린 자본주의 문명의 이기는 우리 사회의 피폐함의 허구성의 본질이라는 것을 저자는 말하고 싶었다.

그리고 개인주의의 화려함 뒤로 죽어가는 환경문제의 오늘의 현실을 바라보면서, 결국 인간과 생명이 함께 공존하기 위해서는 경쟁 중심이 아닌 제도 중심의 균형적 평등 가치에서 출발을 해야 하며

평등한 제도주의 사회는 인간 내면의 가치를 추구하는 사회가 되어야 한다는 것이다.

'모두가 평등한 가치 실현은, 특별과 차별이 없는 사회는. 인간 내면의 양심에서 출발이 하는 것이고 그것이 사회적 기준이 되어야 한다.'는 것을 저자는 확신하면서.

이 책을 보는 사람이라면 더불어 사는 평등한 가치의 중심에서 본인 각자가 스스로를 돌아보고, 모두가 살아가는 과정에서 자기중심을 지키는 주인된 여유로운 삶으로 세상을 바라보게 되었으면 하는 것이 저자의 소망이다.

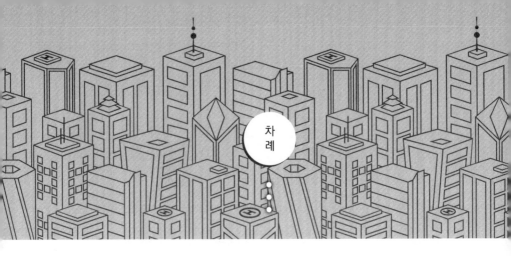

1

...

왕만 사는 나라

01. 좋은 삶은 서로를 동반하는 것이다

좋은 꽃은 향기를 동반하고
좋은 글은 공감을 동반하고
좋은 일은 가치를 동반하고
좋은 님은 느낌을 동반하고
좋은 삶은 서로를 동반하는 것이다.
아무리 화려해도 향기가 없다면 꽃이 아니고
아무리 달콤해도 남는 게 없다면 글이 아니고
아무리 좋은 일도 서로가 없다면 뜻이 아니고
아무리 좋은 님도 잡을 수 없다면 사랑이 아니고
아무리 좋은 삶도 누군가 없다면 가치가 없는 것이다.
너는 언제나 나를 비추는 바탕이 되는 것이고
나는 언제나 너를 빛내는 본질이 되는 것인데
자본주의 홍단풍에 삶의 바탕이 되는 너를 잃어버렸고
경쟁력의 꽃단풍에 삶의 본질이 되는 나도 잃어버렸다.
너는 이겨야 하고 나는 빼앗아야 하고
너를 밟아야 내가 가질 수가 있으니
너 없는 내가 되고 나 없는 네가 되어
잡아줄 네가 없고 세워줄 내가 없어
오늘도 죽어가는 통곡만 들린다.
자본주의 화려한 꽃 생명 없는 꽃
경쟁력의 달콤한 돈 생명 없는 돈
더 있다는 짜릿한 일 생명 없는 일
모두가 가치가 없는 껍데기에 죽어가고 있는 것이다.

02. 왜 이 땅이 헬 조선인가?

힘을 믿으면 약한 자에 대한 폭력이 정당성이 되고
돈을 믿으면 없는 자에 대한 수탈도 정당성이 된다.
이 땅은 누구나 힘만 믿고 어디서나 돈만 믿는다.
고객은 왕이다 무조건 친절하라. 이 두 단어는 왕과 종의 주종관계이고 왕이 믿는 힘과 종이 믿는 힘의 공존이 되고 돈과 법의 공존이 되는 것이다.
왕은 힘이고 돈은 법이고 죽은 돈과 갇힌 권력의 공존이 되는 것이다.
돈만 주면 고객은 왕이다. 무조건 친절하라.
돈만 주면 살 수가 있는 왕 자리는 돈을 받은 자는 부당함에도 따질 수도 없고 따져도 안 되는 불문율이 따라오는 것이다.
전문적이고 합리적인 논리를 들이대는 순간 반역의 역적이 되어버린다.
왕에 대한 따질 수 없는 불문율의 친절, 불친절 이분법의 법이 되는 것이고 불문율을 깨는 그 순간 서비스평가라는 도구가 목을 죄는 절명의 전제가 따라 오는 것이다.
그래서 왕은 곧 힘이 되는 것이고 힘은 곧 돈이 되는 것이고 힘은 곧 법이 되는 것이고 돈을 주고 고용된 종은 무조건 저급한 헛웃음으로 친절을 팔아야 왕이 포만감을 느끼는 만족하는 서비스가 되는 것이다.
인간으로 가져야 하는 기본적인 자존심도 돈 앞에서는 꺾어야 하고 참을 수 없는 어떠한 모멸감도 왕 앞에서는 참아내어야 왕을 잘

모시는 서비스가 되고 그래야만이 밥을 먹고 살 수가 있는 것이다.

돈만 주면 전문성을 가진 어떠한 합리적인 논리도 들이댈 수가 없는 법이 친절인 것이다.

제도적인 논리가 기준이 되어 공정함을 유지해야 할 행정도 책상에 갇혀서 민원이라는, 철이 지난 죽은 결과에서 제도적 객관성으로 법을 지켰나 안 지켰나를 따지는 것이 아니라 친절했냐, 불친절했냐, 이분법으로 전문성이 없는 저급한 친절을 팔면서 서비스라고 생각하고 친절은 곧 최고의 서비스가 되고, 불친절은 최악의 단죄할 역적으로 만들어 버리는 제도적이고 합리적인 논리는 존재할 수가 없는 사회를 만들고 있는 것이다.

그것도 과정이 끝난, 죽은 결과의 껍데기 종이 쪼가리 하나를 가지고 법과 제도를 모두 죽여 버리고 있는 것이다.

그래서 누구나 돈을 가져야 왕이 되고 왕이 되어서 힘을 가져야 한다는 생각만 하고 살아가고 있는 것이다.

왕의 힘과 돈의 힘에 따질 수도 없고 따졌어도 안 되는 그곳이 주인 없는 사람 없는 헬 조선이 시작되는 것이다.

일상에서 누구나 하는 말 힘이 없는데 어떻게 해.

일상에서 누구나 하는 말 돈이 없는데 할 수 없잖아.

언제나 하는 말 경쟁력이 있어야지.

어디서나 하는 말 힘이 있어야지 돈이 있어야지.

이곳이 헬 조선이 시작되는 진원지가 되는 곳이다.

아비가 자식을 어떻게 했다. 자식이 부모를 어떻게 했다.

교수가 여학생을 어떻게 했다. 유치원 선생님이 아이를 어떻게 했다. 어디에서 노동자가 자살을 했다.

미디어를 통해 매일 듣고 사는 이 말은 힘을 가진 자는 힘이 있으니까 힘으로 마음대로 해도 된다는 폭력이 되고 돈을 가진 자는 돈이 있으니까 돈으로 하고 싶은 대로 할 수 있다는 폭력이 되어 일상 삶에서 힘이 있는 자는 힘으로 무엇이든 할 수가 있다는 생각이 되고 돈이 있는 자는 돈으로 무엇이든 할 수가 있다는 생각으로 힘과 돈에 모두가 마취가 되어 버린 미친 사회가 되어버린 것이다.

우리의 일상에서 일어나는 약한 자에 대한 폭력과 누가 자살했다는 말을 매일 듣고 살아도 힘을 믿는 나와는 별개의 일이고 돈을 믿는 나와는 다른 사람의 일이 되는 것이고 저것은 인간으로서 할 짓이 아니라고 지탄을 하면서도 자기 안에 힘의 정당성 취해 따로 보는 외눈박이 괴물과 함께 살고 있는 것이다.

저건 인간도 아니야 아비가 어떻게.

저건 사람도 아니야 부모에게 저럴 수가 있나.

선생님이 저래도 되나 교육이 말이 아니다.

사람이 저럴 수가 있나 자기 새끼라면 저럴 수가 있을까.

없는 놈만 서럽고 죽는 놈만 불쌍하지 더러운 세상.

누구나 보이는 결과에서 보는 대로 분노를 하고 있지만 나는 아닌 한쪽만 보는 외눈박이가 되고 나는 이 사회와는 따로 보는 독립된 객체로 인식하고 살고 있는 것이다.

힘이 없는데 내가 무엇을 어떻게 해.

자발성을 잃어버린 종이 믿는 이 힘과 저 힘이 다른 것이고 돈이 없는데 내가 무엇을 할 수가 없잖아.

자존심이 없는 졸이 믿는 이 돈과 저 돈이 다른 것이 되는 것이고 언제나 경쟁력이 있어야지 하는 경쟁력의 힘이 똑같은 힘 똑같은 돈이라는 생각을 못 하고 있는 것이다.

바로 내가 믿고 있는 이 힘이 약한 자에 내재된 폭력에 정당성을 주고 있다는 생각을 하지 못 하고 있고 지금 내가 믿고 있는 이 돈이 없는 자에 내재된 수탈에 정당성을 주고 있다는 생각을 하지 못하고 있는 것이다.

내가 살고 있는 사회이지만 나와 사회적 폭력은 관계가 없고 나와 사회적 수탈은 나의 일이 아니라고 하는, 공동체 속에서 주체가 아닌 객체가 되어버린 것이고 누구도 내가 살고 있는 이 사회에서 현실적 공동체라고 생각을 하지 못하고 있는 것이다.

내가 믿고 있는 화려한 경쟁력의 힘이 폭력이 아니고 내가 믿고 있는 더 있다는 달콤한 돈이 수탈이 아니라고 생각을 하고 있지만, 그러나 내가 믿고 있는 힘은 우리 사회와는 뗄 수가 없는 힘이 되고 내가 믿고 있는 돈은 지금 현실과 뗄 수가 없는 돈인 것이다.

누구나 입에 달고 사는 경쟁력이라는 힘이 누구나 이겨야 살 수 있다는 이분법적 패권적 사고에서, 힘을 가진 자의 폭력은 승자의 정당성이 되고 돈을 가진 자의 수탈은 경쟁력의 정당성이 되는 우리의 삶의 과정에서 제도가 나올 수가 없는 것이고, 결과주의 사회에서는 폭력이 정당화될 수밖에 없는 것이다.

우리가 보는 것은 언제나 결과이고,

누구나 보는 것은 어디서나 과정이 끝난 결과이고,

결과는 과정이 끝난 죽은 것이다.

과정이 끝난 죽은 결과에서는 서로가 아무리 삿대질을 한다고 해서 세상이 바뀔 수가 없는 것이고 아무리 노력해도 고쳐질 수도 없는 것이고 할 수 있는 것은 오직 껍데기, 치장, 포장뿐인 것이다.

우리가 보는 결과는 과정의 끝, 결정된 죽은 답이다.

결과에서는, 죽어버린 결정된 답에서는 아무리 고치려 해도 고칠 수가 없는 것이다.

결국 잘못 결정된 답을 고치려면 과정으로 돌아가서 문제를 수정을 해야 정답을 찾을 수가 있는 것이다.

우리사회는 결과주의 사회이고 결과만 화려하면 과정은 묻어 버리고 경쟁력이라는 화려한 정당성과 돈이라는 달콤한 경쟁력에 얻은 자의 정당성만 인정을 하는 결과주의는 폭력적 패권주의가 될 수밖에 없는 것이다.

그렇다면 우리 사회에서 누가 힘을 만들고 어디에서 돈을 만들고 있는 것인가?

바로 갇힌 지식교육으로 서열을 만들고 갇힌 패권적 권력이 화려한 경쟁력으로 돈을 만들고 있는 것이다.

교육은 아이들을 가두어서 힘의 서열을 가르치면서 폭력을 예방한다고 노래하고 권력은 국민을, 주인을, 노동자를 계급으로 갈라서 내가 더 있다고 포장껍데기 완장을 만들고 이권이라는 힘으로 힘만, 돈만 믿는 사회를 만들어 가고 있는 것이다.

갇힌 힘이 완장이라는 껍데기에 가치를 만들고 죽은 돈이 껍데기의 포장에 가치를 만들고 국민을 죽이면서 누리고 생명을 죽이면서 기득권을 누리고 있는 것이다.

이것은 바로 결과만 아는 지식이라는 죽은 논리에 갇혀서 계급을 만들고 결과의 죽은 껍데기 포장으로 인간이 가지고 있는 내면의 제도 양심을 먹어버리고 경쟁으로 균형의 제도를 먹어버린 것이고 죽은 지식 논리와 죽은 자본 논리가 힘을 만들어 인간의 양심을 지배하고 사람의 의식을 지배하고 있는 것이다.

오늘도 죽였다는 저 소리는 힘에 의한 폭력이고 지금도 죽었다는 저 소리는 돈에 의한 폭력이 되는 것이다.

우리 사회 모든 곳에서 서열의 힘으로 종속 관계로 지배하는 이론지식자들 실무를 몰라서 기본적인 느낌도 모르는 자들이 누군가를 죽이는 결정권을 주무르고 죽은 자본의 경쟁력이라는 권리를 대변하고 있고 과정에서 나오는 실무적 근거는 인정하지 않는 오만함으로 기득권을 유지하고 우리 사회를 병들게 하고 있는 것이다.

지식의 거대 벽 앞에서 노동의 가치를 인정하지 않는 사회에서 아무리 저항을 해도 결과는 이길 수 없는 전쟁이고 이겨도 버틸 수가 없는 상황을 만들어 내몰고 있는, 지식과 죽은 돈이 법이 되는 자본주의에서 인간으로서 존재가치를 잃어버린 노동자는 상실감을 죽음으로 저항을 하고 있는 것이다.

여기는 죽었다 저기는 죽였다. 우리가 말하는 헬 조선의 진원지는 바로 누구나 믿고 있는 그 힘에 있고 언제나 믿고 있는 그 돈에 있는 것이다.

갇힌 힘이 팔아먹는 경쟁력과 죽은 돈이 팔아먹는 '더 있다'의 화려함과 달콤함에 빠져버린 '누구나 믿고 있는 여기에서 힘이 없는데 어떻게 해,

누구나 살고 있는 저기에서 돈이 없는데 할 수가 없잖아.

경쟁력이 있어야지.'라는 일상에서의 우리의 언어가 바로 헬 조선의 출발인 것이다.

사람이 사는 사회는 힘을 버려야 사람이 살 수가 있고

주인이 사는 사회는 돈을 버려야 주인이 살 수가 있고

주인의 보편성의 사고에서 균형의 제도가 나오는 것이고 민주주의는 누구나 같은 보편성의 제도위에서 공존하는 제도주의인 것이다.

이 땅이 헬 조선인 것은 갇혀서 힘을 믿는 지식이 본질이고, 이 땅은 돈을 믿고 경쟁력만 믿는 죽은 돈이 헬 조선의 바탕의 본질이 되는 것이다.

03. 누구나의 목적이 되어버린 돈

    누구나의 목적이 되어버린 돈에 어디나 경쟁은 수단이 되어버린 돈에 언제나 경쟁력이 돈이 되니 법 없는 전쟁은 일상이다.
    자본주의 죽은 돈이 왕질하고
    경쟁주의 죽은 힘이 갑질하고
    숭배주의 죽은 돈이 왕질하고
    결과주의 죽은 힘이 갑질하니
    왕을 위한 품위 유지비에 종이 무는 비굴함에 삿대질이 춤을 추고 아우성이 판을 치네.
    오늘도 들려오는 죽었다는 저 소리는
    자본주의 홍단풍에 죽어가는 소리고
    지금도 들려오는 죽였다는 저 소리는
    경쟁력의 꿀단풍에 죽어가는 소린데
    보아도 화려해서 보이지 않고
    들어도 달콤해서 들리지 않네.
    인간들아 화려함에 따라가면 잃는 것이고
    인간들아 달콤함에 따로 보면 죽은 것이다.
    세상은 따라가면 잃는 곳이고
    세상은 따로 보면 죽는 곳이다.

04. 사람 없는 천민자본주의

모두가 껍질의 종이 되어버렸고
모두가 포장의 졸이 되어버렸다.
자본주의 화려한 껍질과 문명의 이기에 눈을 잃고 귀도 잃고 혼
도 잃은, 생각이 없고 기억이 없는 시체가 되어버린 것이다.
죽은 돈의 더 있다는 화려한 포장 노래에
갇힌 힘의 다 있다는 달콤한 치장 노래에
사람 없는 천민자본주의 주인 없는 자본패권주의
힘센 놈이 다 가져도 돈 센 놈이 다 누려도 잃은 놈도 따로 보고
빼앗긴 놈도 따로 보고 죽어가도 몰라본다.
사는 것이 힘들어도 눈이 없어 따로 보고
하는 일이 고달파도 귀가 없어 따로 보고
힘을 믿어 따로 보고 돈만 믿고 따라간다.
보여지는 화려함에 잃어도 눈이 없어 볼 수가 없고
들려주는 속삭임에 빼앗겨도 귀가 없어 알 수가 없고
잡혀지는 짜릿함에 죽어가도 혼이 없어 알 수가 없고
썩어져서 죽어가도 경쟁력만 노래하고
죽어져서 썩어가도 다 있다고 노래하고
어디를 봐도 끌려가는 종만 있고
언제나 봐도 잡혀가는 졸만 있으니
이 땅은 지킬 사람도 없고 이 나라는 세울 사람도 없고
죽어버린 껍질에다 답이 없는 포장에다 만장 깃발만 화려하게 춤
을 춘다.

05. 자본주의 화려한 경쟁력

같은 것에 거품 넣고 같을 것에 풍선 불고
경쟁이다 불러주고 더 있다고 노래해도
자본주의 홍단풍에 눈이 멀어 따라가고
결과주의 꿀단풍에 귀가 멀어 따로 보는
감각 없는 시체들과 느낌 없는 좀비들아
눈을 뜨고 돌아보고 귀를 열고 찾아봐라.
자본주의 홍단풍이 화려해도 같은 것의 거품이고
결과주의 꿀단풍이 달콤해도 같을 것의 풍선이다.
잠은 인간이 누려야 할 기본권에
발은 주인이 누려야 할 기본권에
글은 사람이 누려야 할 기본권에
병은 누구나 누려야 할 기본권에
죽은 돈이 화려하게 포장하고 거품 넣고
갇힌 힘이 달콤하게 치장하고 풍선 불고
눈이 먼 놈에 빨려 가면 경쟁력이 되고
귀가 먼 놈에 빨려 가면 더 있다는 것인데
보아도 생각이 없으니 덕이 없고
들어도 기억이 없으니 답이 없네.

06. 자본주의는 꽃이 아니다

꽃은 좋아도 밥이 될 수가 없고
밥이 좋아도 죽이 될 수가 없고
물이 좋아도 술이 될 수가 없다.
자본주의 꽃 민영화에 자본주의 꽃 경쟁력에
보여지는 꽃이 화려해도 죽어버린 생명 없는 꽃이고
들려오는 꽃이 달콤해도 벌이 없는 향기 없는 꽃이고
잡혀지는 꽃이 짜릿해도 삶의 온기 없는 꽃이다.
자본주의 꽃이 화려함이 더해가니 잃어가는 생명들에
민영화의 꽃이 달콤함이 더해가니 썩어가는 탐욕에다
짜릿함이 더해가니 죽어가는 것이 자연환경이다.
자본주의 비교하니 멈출 수 없는 화려함에
민영화의 넘쳐나도 멈출 수 없는 상대가치에
'더 있다'는 죽어가도 멈출 수 없는 짜릿함은
자본주의 화려한 꽃이 되어 생명 없이 죽어가고
민영화의 달콤한 꽃에 모두가 함께 죽어가는 것이다.
자본주의 꽃은 향기가 없고 민영화의 꽃은 나눔이 없고
더 있다는 결과주의 경쟁력의 꽃에 눈을 잃고 모두 죽어가는 것
이다.

07. 죽은 돈이 왕질하는 자본주의

죽은 돈이 왕이 되니 감사함을 잊었고
살은 내가 종이 되니 비굴함을 잊었고
죽은 돈이 왕이 되니 내 할 일을 잊었고
살은 내가 종이 되니 내 할 말을 잊었고
돈만 주면 왕이 되니 보이는 것이 없고
돈 받으면 종이 되니 들리는 것이 없고
힘을 믿는 돈의 왕은 누가 없어 눈이 없고
돈을 믿는 죽은 종은 왕을 믿어 말이 없고
이 땅이 썩어가도 왕의 말이 법이 되고
이 땅이 죽어가도 종의 행은 복종이 되고
주인 없는 나라에 잃어도 따질 놈이 없고
사람 없는 나라에 썩어도 고칠 놈이 없다.
패권주의 화려함에 결과주의 달콤함에 한탕주의 짜릿함에
보이는 삿대질은 잃어가는 몸짓이고 들리는 아우성은 죽어가는
발악인데 보아도 느낌이 없고 들어도 감각이 없으니
이 땅은 법이 없고 이 땅은 답이 없고 왕만 사는 자본주의 종만
사는 패권주의 주인 없는 죽은 나라다.

08. 너와 나를 따로 보지 마라

너와 나를 따로 보지 말고
남과 북을 따로 보지 말고
자연과 나를 따로 보지 말고
주인과 사람을 따로 보지 말고
왕과 종을 따로 보지 말고 신과 나를 따로 보지 마라.
너 없는 내가 없고 남 없는 북이 없고
자연 없는 내가 없고 주인 아닌 사람 없고
왕이 되면 종이 있고 자신이면 내가 신이다.
갇힌 곳에 갇혀서 너와 나를 가르고
권력 맛에 갇혀서 남과 북을 가르고
보이는 것 화려해도 살은 자연 죽인 것이고
주인 아닌 객이 되니 사람이 없는 세상이다.
책상에 갇힌 놈이 잘사는 것은 너와 나를 가른 값이고
권력에 죽은 놈이 잘사는 것은 남과 북을 가른 값이고
자본에 갇힌 놈이 잘사는 것은 자연 생명 죽인 값이고
완장에 갇힌 놈이 잘사는 것은 결과주의 숭배 값이고
과정이 없는 나라에 사람 없는 나라이고
제도가 없는 나라에 주인 없는 나라이다.
따라가지 마라 갇힌 놈을
따로 보지 마라 죽은 놈을
힘만 믿는 미친 놈과 돈만 믿는 죽은 놈은 언제나 한편이다.

09. 더를 얻고 너를 잃었다

더만 있고 너는 없고 나만 있고 누는 없고
왕이 되어 힘만 믿고 종이 되어 돈만 믿고
법이 없어 사람 없고 참이 없어 주인 없다.
어디를 봐도 그렇고 누구를 봐도 그러하다.
자본주의 경쟁력의 결과주의 껍데기에
나만 더에 끌려가서 내가 없는 세상에서
흔들렸어 빼앗기고 넘어졌어. 짓밟혀도
잡혀가니 볼 수 없고 묶여지니 알 수 없어
보는 대로 삿대질에 듣는 대로 패악질에도
주인 없는 이 땅에서 변할 것도 없고
사람 없는 이 땅에서 바뀔 것도 없는 것이다.
자본주의 홍단풍이 화려했어. 더를 얻고 너를 잃고
경쟁력의 청단풍이 달콤했어. 더를 얻고 나를 잃고
결과주의 꽃단풍이 짜릿했어. 혼을 잃고 모두 잃고
보아도 생각이 없고 들어도 기억이 없고 잃어도 고민이 없는 죽어
버린 시체들뿐이다.

10. 자본 패권주의 달콤함

깃발의 현란함에 언어의 달콤함
포장의 화려함에 껍질의 달콤함
배운 놈의 간사함에 누린 놈의 발악이다.
깃발의 현란함은 가진 자의 포장이고
언어의 현란함은 배운 자의 갑질이고
포장의 화려함은 썩어버린 치장이고
껍질의 달콤함은 죽어가는 껍질인데.
갇혀서 다 누려도 따라가니 볼 수 없고
죽어서 더 누려도 따로 보니 알 수 없는
깃발의 현란함만 춤을 추고 언어의 달콤함이 노래하고
포장의 화려함이 풍년이고 껍질의 달콤함만 잔치한다.
과정이 없는 나라에 중심이 없는 나라는
제도가 없는 나라에 주인이 없는 나라는
양심이 없는 나라에 사람이 없는 나라는
보이는 것이 없어 썩어가는 삿대질만 춤을 추고 들리는 것이 없어
죽어가는 비명소리만 들린다.

11. 깃발만 나부끼는 자본주의

길 나서면 거리에는 화려한 깃발만 나부끼고

눈 돌리면 깃발 속에 현란한 언어가 춤을 추고
보이는 것은 죽어가는 생명들의 저항인데
따로 보니 답이 없고 따라가니 답이 없다.
갇혀서 죽은 놈은 눈이 없어 보이지 않고
죽어서 갇힌 놈은 귀가 없어 들리지 않고
힘에 갇힌 미친 놈이나 돈에 죽은 미친 놈이나
갇혔으니 보이지 않고 죽었으니 들리지 않으니
화려하게 보여지는 깃발만 늘어가고
달콤하게 들려오는 포장소리만 풍년이다.
짜릿하게 잡히는 문명의 이기는 껍데기의 포장인데
화려함에 눈을 잃고 춤을 추고 달콤함에 귀를 잃고
노래하니 시체뿐인 나라에 답은 없는 것이다.
과정이 없는 나라에 결과만 있는 이 나라는
중심이 없는 나라에 패권만 있는 이 나라는
주인이 없는 미친 나라고 사람이 없는 죽은 나라다.

12. 우리가 얻은 것이 무엇이요

자본주의 홍단풍에 잃은 것은 무엇이고
경쟁력의 꿀단풍에 받은 것은 무엇이요.
알이 없는 껍데기에 도덕성은 무너지고
참이 없는 포장지에 가치관은 실종되고
화려함의 껍질에다 눈이 부셔 너를 잃고

달콤함의 결과에다 귀가 멀어 나를 잃고
짜릿함에 갇혔으니 혼이 없는 좀비가 되었소.
인간이 지켜야 할 제도적 양심의 도
사람이 누려야 할 가치의 본심인 덕
도는 '나만 더 너보다 더'에 팔아먹었고
덕은 '내가 다 너 없는 나만'에 팔아먹었고
껍데기에 갇혔으니 금수가 따로 없고 포장지에 묶였으니
아귀와 다름이 없다.
자본주의 홍단풍에 얻은 것이 무엇이고
경쟁력의 꿀단풍에 받은 것이 무엇이고
헛웃음에 자존심 팔아 남은 것이 무엇이고
화려한 포장 속에 갇혀서 얻은 것이 무엇이고
달콤한 치장 속에 갇혀서 받은 것이 무엇이요.
너 없는 왕이 되고 나 없는 종이 되고
누 없는 졸이 되고 주인 아닌 객이 되어
지켜야 할 도를 팔고 누려야 할 덕을 팔아 껍질에 갇혔으니
주인 없는 시체가 아니요.
'더'에 도가 무너지니 짐승과 진배없고
'다'에 덕이 무너지니 아귀와 다름없고
어디를 돌아봐도 경쟁에 묶인 힘을 믿는 짐승들만 보이고
언제나 다시 봐도 '더'에 묶인 포장지의 돈만 믿는 아귀들만 보이고
끌려가니 인간이 지켜야 할 도를 잃었고 잡혀가니 사람이 가져야 할
덕을 잃었으니
　보이는 것은 힘을 믿는 금수에 들리는 것은 돈에 죽은 아귀들의
다툼뿐이다.

13. 자본주의 수판 없는 인간들

사람에게 더 많이 주면 사람같이 나눌 것이고
누구에나 더 많이 주면 힘이 나서 더할 것이고
인간에게 투자하면 인간같이 잘살 것이고
주인에게 투자하면 주인 되어 지킬 것인데
이 땅에 갇힌 인간 권력에 갇힌 인간들은
이 땅에 죽은 인간 자본에 죽은 인간들은
포장에 갇혀서 사람 없는 경쟁 팔고
결과에 죽어서 노동 없는 경쟁 팔아
이 땅은 썩어가고 이 나라는 죽어가는 것이다.
힘에 갇힌 인간들은 귀가 없어 비명 소리가 들리지 않고
돈에 죽은 인간들은 눈이 없어 만장 깃발이 보이지 않고
이 땅은 미쳐가고 이 나라는 죽어가는 것이다.
힘에 갇혀버린 미친 인간들은 잃어가는 사람이 보이지 않고
돈에 죽어버린 미친 인간들은 죽어가는 생명이 보이지 않고
패권주의 갇힌 놈은 수치 잃은 미친놈이고
자본주의 죽은 놈은 수판 잃은 미친놈이다.

14. 자본주의 꽃노래

경쟁하라 다 있다 노력하라 다 있다.

경쟁력의 달콤함에 묶여지니 돌아볼 수가 없고
다 있다는 달콤함에 잡혀가니 잡아 볼 수도 없고
더 있다는 나만 더에 끌려가니 알 수도 없다.
누구나 그렇고 어디나 그렇고 언제나 그렇다.
어디를 봐도 부르는 노래 경쟁력이 살 길이다.
언제나 봐도 부르는 노력하면 잘살 수가 있다.
누구를 봐도 부르는 노래 나만 더가 살 길이다.
자본주의 죽은 돈에 종이 되어 경쟁하고
결과주의 죽은 힘에 졸이 되어 따라가고
없는 더에 따라가서 노예 되어 죽어간다.
힘은 더 큰 힘에 죽는 것인데
돈은 더 큰 돈에 죽는 것인데
누구나 부르는 노래 돈이 있어야 되지
어디나 부르는 노래 힘이 있어야 되지
언제나 부르는 노래 더 있어야 되지
　돈에 노예 힘에 노예 더에 노예 주인은 보이지 않고 자본주의 달
콤한 돈에 끌려가는 괴물들만 보이고 사람은 보이지 않고 결과주의
화려한 힘에 잡혀가는 짐승들만 보인다.

15. 자본주의는 망하고 있는 것이다

　자본주의는 망하는 것이고 망할 수밖에 없는 것이고
　그 무엇이든 생이 있다면 반드시 멸이 오는 것이다.

생명 없는 자본주의 껍질뿐인 결과주의

제도 없는 경쟁주의 사람 없는 포장주의

주인 없는 개인주의 왕만 사는 패권주의

화려함에 눈을 잃고 경쟁력에 너를 잃고

달콤함에 귀를 잃고 '더 있다'에 나를 잃고

짜릿함에 혼을 잃은 좀비뿐인 시체나라.

헛웃음에 자존심 팔고 비웃음에 경쟁 팔고

죽은 돈이 왕질하는 종만 사는 경쟁주의.

같은 것에 거품 넣고 같을 것에 풍선 불어

사람 없는 승자독식 1%로만 잘사는 나라.

주인 없는 자본주의는 망하는 것이고 망할 수밖에 없는 것이다.

지금 우리 사회현상은 자본주의 소멸의 과정에 있고 자본주의가
소멸하면 공리주의가 올 것이다.

힘은 더 센 힘에 복속되는 것은 자연의 원리고

돈은 더 센 돈에 복속되는 것은 세상의 이치다.

문명의 이기에 재앙이 된 환경이 그렇고

인간의 탐욕에 죽어버린 양심이 그렇다.

세상은 절대 공짜가 없는 곳이고

세상은 '절대 잃지 않는 더'가 없는 곳이다.

경쟁력의 거품 속에 더 있다는 풍선 속에

터지는 것은 자연의 현상이 아니던가?

돈의
노예

2
...

이 땅은 그런 나라다

01. 자본주의 거대한 벽

이 땅의 벽은 갇힌 자와 열린 자의 벽이고
이 땅의 벽은 죽은 자와 살은 자의 벽이다.
책상에 갇힌 자는 갇혀서 눈이 없고
결과에 죽은 자는 죽어서 귀가 없고
자본에 갇힌 자는 갇혀서 혼이 없고
낮은 곳 열린 자는 묶여서 누군가 없고
살은 곳 살은 자는 살아도 자기가 없고
누구나 갇혔으니 돌아볼 수가 없고
어디나 갇혔으니 다시 볼 수가 없고
언제나 갇혔으니 잡아 볼 수가 없어
갇힌 자와 열린 자의 벽은 더 높아가고
죽은 자와 살은 자의 간격은 더 멀어지고
열린 자의 고달픔이 더해가고
살은 자의 허덕임이 더해가도
벽에 갇힌 자는 볼 수가 없고
칸에 갇힌 자는 알 수가 없고
'더'에 갇힌 자는 줄 수가 없고
갇힌 놈의 경쟁력 노랫소리는 높아지고
죽은 놈의 포장지에 박수 소리는 더해가니
가려진 벽 속에 소모품은 늘어가고 묶어진 칸 속에
생명 잃고 죽어가는 것이 이 땅이다.

02. 자본주의 승자독식주의

이 땅은 승자독식주의 경쟁숭배주의 권력패권주의 자본패권주의
갇힌 지식주의 껍질 포장주의 완장패권주의 죽은 포장주의다.
　승자독식주의 경쟁력은 어디서나 화려하고
권력패권주의 더 있다는 언제나 달콤하고
갇힌 지식주의 노력하면 다 된다는 늘 짜릿하다.
화려하게 포장하는 경쟁력은 이기는 소수만 잘살고
달콤하게 치장하는 더 있다는 갇힌 소수만 잘살고
짜릿하게 노래하는 노력하면은 죽은 소수만 잘산다.
인간들아 돌아봐라.
패권주의 화려함은 법이 없는 죽은 사회이고
인간들아 다시 봐라.
자본주의 달콤함은 죽인 후의 포장이고
인간들아 찾아봐라.
경쟁주의 짜릿함은 잃은 자의 눈물이다.
세상은 공짜가 없는 곳이다.
지금 우리가 누리는 것은 부모 형제 버리고 얻은 값이고
오늘 모두가 가진 것은 나를 잃고 너를 잃고 얻은 값이다.
있는 데서 돌아봐라 무엇을 얻었는지
하는 데서 돌아봐라 어떤 것을 얻었는지
가는 데서 돌아봐라 살아있는 것이 있는지.
바로 보면 껍질이고 다시 보면 포장이고
찾아보면 화려해도 생명 없는 쓰레기뿐이다.

03. 글이 길면 포장이다

글은 짧아야 하는데 말은 아껴야 하는데
힘은 버려야 하는데 법은 아파야 하는데
돈은 나눠야 하는데 밥은 지켜야 하는데
참은 가꿔야 하는데 덕은 숨겨야 하는데
갇힌 인간들의 글은 달콤했어. 길어지니 포장지고
죽은 인간들의 말은 화려했어. 덮어지니 치장지고
갇힌 인간들의 힘은 짜릿했어. 보기 좋은 껍질이고
죽은 인간들의 법은 달콤했어. 독이 되고
가진 인간들의 돈은 짜릿했어. 칼이 되고
없는 인간들의 밥은 지킬 수 없는 죽이 되고
미친 인간들의 참은 골수 빠는 경쟁력이고
믿는 인간들의 덕은 죽어가는 무덤이다.
참 좋다 자본패권주의 들리는 것은 통곡이고
더 좋다 결과포장주의 보이는 것은 껍질이고
가로수에 휘날리는 것은 빨간 깃발이고
전봇대에 펄럭이는 것은 만장 깃발이고
찬란함이 춤을 추는 포장패권주의
현란함이 노래하는 자본패권주의
갇힌 놈이 갑질하고 죽은 놈이 왕질하니
주인 없는 나라에 만장깃발만 휘날리네.

04. 법은 내 안의 양심이다

법이 무엇인지 제도는 무엇인지
법은 내 안에 양심이고 제도는 내 안의 절제이다.
법은(양심) 나를 지켜주는 경계이고
제도는 나를 통제하는 절제이고
법이 필요한 것은 제도가 필요한 것은
나를 지키니 필요한 것이고
너를 인정하기 위해 필요한 것이고
제도는 나의 절제를 위해 필요하고
너의 비용이 되니 필요한 것이고
내 안에 있는 법(양심)이 집 나오면
너를 위해 필요한 것이고 내 안에 있는 제도는
길 나오면 우리를 위해 필요한 것이고
내 안에 있는 나를 지키는 법이 우리의 사회의 규칙이 되고
내 안에 있는 나를 지키는 제도가 서로의 절제의 규범이 되면
비용이 없어 좋은 세상이고 불편이 없어 좋은 세상인데
'나만 더'의 힘을 믿으니 양심의 법이 사라지고
'너보다 더'의 돈을 믿으니 절제의 제도가 사라지고
법이 없는 양심 없는 인간은 힘을 믿는 짐승이 되었고
제도 없는 절제 없는 인간은 돈을 믿는 괴물이 되었고
세상은 더 갖겠다는 짐승들과 더 먹겠다는 아귀들이 정글을 만들
고 지옥을 만들고 있는 것이다.
누구나 같은 것이 법, 양심이 되고

언제나 같은 것이 제도가 우리가 되고

서로가 살기 위해 같은 것이 법이 되고

서로가 살기 위해 같은 것이 제도가 되면 더불어 사는 좋은 세상
이 되고

서로가 함께 사는 공존의 세상이 되면

그곳이 누구나 함께 누리는 공리주의다.

세상은 더도 덜도 없는 누구나 같은 곳이고 같은 것은 같게 같을
것은 같게 하는 것이 공리주의다.

어떤 것이나 그 무엇이나 생이 있다면 멸이 있는 것이다.

생명 없는 포장주의는 공존 없는 경쟁주의는 자본주의는 지금 소
멸해 가고 있는 것이다.

05. 가두려면 갇혀야 한다

한 놈을 가두려면 한 놈이 갇혀야 하는 것이고

두 놈을 가두려면 두 놈이 갇혀야 하는 것이고

한 놈을 묶으려면 한 놈이 묶여야 하는 것이고

두 놈을 묶으려면 두 놈이 묶여야 하는 것이다.

권력에 갇힌 인간들은 열려서 사는 국민을 가두려 하는 것이고

패권에 갇힌 인간들은 살아있는 주인을 묶으려 하는 것이니

힘만 믿는 세상은 악다구니 비명 소리만 잔치하고

돈만 믿는 세상은 삿대질에 헛손질만 풍년이다.

권력에 갇힌 인간들은 갇혀서 가두려고만 하는 것이고

패권에 갇힌 인간들은 묶여서 묶으려고만 하는 것이다.
주인이 사는 세상은 스스로 지키니 갇힐 수 없는 것이고
사람이 사는 세상은 알아서 지키니 묶일 수 없는 곳이다.
이 땅에 권력은 언제 봐도 제도를 지키는 주인이 아니고
이 땅에 자본은 누구를 봐도 양심을 지키는 사람이 없어
국민을 가두려 하고 주인을 묶으려 하니 지옥이 되었고
이 나라는 헬 조선이 되었다.
세상은 단순한 곳이다.
갇힌 놈은 가두고 죽은 놈은 죽이고 갇힌 놈은 힘이 남아서 치장을 하고 죽은 놈은 죽어서 화려하게 포장을 하는 것이다.

06. 법이 없는 미친 나라

법이 없는 미친 나라에 삿대질은 놀지 않고
힘이 없는 죽은 나라에 나쁜 놈만 춤을 추고
밥이 없는 죽은 나라에 껍데기만 풍성하고
참이 없는 미친 나라에 화려함이 더해가고
알이 없는 미친 나라에 패권주의 숭배자만 늘어간다.
세상은 절대 공짜가 없는 곳이다.
인간들아 먼 데 놈은 절대 내 편이 아니고
절대 내 편이 될 수도 없는 것이다.
사는 것이 힘든 것은 편을 모른 그 값이고
하는 것이 고달픈 것은 눈이 없는 그 값이다.

내 편은 언제나 옆에 있고 뒤에 있는 것이다.

흔들리면 잡아주고 넘어지면 세워주는 내가 있는 여기에 내 편이 있고 내가 사는 이곳에 내 편이 있다.

오늘의 삿대질은 갇힌 놈 따라가서 편을 잃은 값이고

지금의 악다구니는 죽은 놈 따로 보고 편이 된 값이다.

권력에 갇힌 놈 따라가니 더 **빼앗기고**

갇혀서 미친 놈 따로 보니 또 **빼앗기고**

그래도 생각이 없으니 오늘이고

당해도 기억이 없으니 지금이다.

삿대질의 그 손끝을 따라가봐라.

그곳에 생각 없는 내가 있을 것이고

악다구니 그 소리를 따라가 봐라.

그곳에 기억 없는 내가 있을 것이다.

미국 친한 그놈에 힘에 갇힌 미친 놈의 그 모습이 내 모습이고 내 모습이 그 모습이다.

07. 제도가 없어 주인이 없다

서비스는 보이는 것이고 제도는 보이지 않는 것이고

서비스는 누가 해주는 것이고 제도는 스스로 지키는 것이고

서비스는 갇힌 곳에 있는 것이고 제도는 열린 곳에 있는 것이고

개인이 하는 것은 서비스고 행정이 하는 것은 제도이다.

그런데 이 땅에 결과에 갇혀서 책상에 죽은 놈은 서비스만 만들고

이 땅에 결과에 죽어서 포장에 갇힌 놈은 왕 자리만 팔아먹으니
어디를 봐도 스스로 제도적인 주인은 보이지 않고
누구를 봐도 알아서 제도적인 논리가 들리지 않는다.
집 나오면 누가 보는 내 모습이 제도가 되고
길 나오면 누가 아는 그 모습이 제도가 되는 것이다.
내 안에 있는 양심이 제도의 기초 시작이고
내 밖에 있는 우리의 경계가 제도의 출발인데
갇힌 놈이 만드는 화려한 포장은 서비스가 되고
죽은 놈이 만드는 달콤한 치장은 왕 자리 파는 일이니
제도 없는 불신이 하늘을 찌르고 양심 없는 불만이 바다를 덮어
서 삿대질만 풍년이고 아우성만 춤을 추는 것이다.

08. 죽은 자의 노래 갇힌 자의 노래

갇힌 자의 변하지 않는 노래
죽은 자의 변할 수 없는 노래
갇힌 자의 언제나 부르는 경쟁력의 노래에
죽은 자의 어디나 부르는 '다 있다'의 노래에
비교하니 멈출 수가 없고 돌아보니 멈출 수가 없다.
언제 들어도 화려한 힘의 노래 경쟁력
어디서 들어도 달콤한 힘의 노래 '다 있다'.
경쟁하면 다 있다. 노력하면 더 있다.
화려했어. 잡힐 것 같고 달콤했어. 묶을 것 같은데

더 하면 될 것 같고 더 하면 쥘 것 같고 따라오니 힘이 들고 잡혀
오니 고달픈 것이다.
　세상은 그 무엇을 잃지 않는 더가 없는 것이고
　세상은 그 누가 잃지 않는 더가 없는 곳인데
　여기를 봐도 경쟁력의 잡혀가는 괴물들이고
　저기를 봐도 다 있다는 묶여가는 짐승들이고
　잡혀가는 괴물들은 힘을 믿어 돌아볼 줄 모르고
　묶여가는 짐승들은 돈을 믿어 다시 볼 줄 모르는 것이다.
　보이는 것이 화려해도 가두는 포장뿐이고
　들리는 것이 달콤해도 죽이는 껍질뿐인데
　패권주의 화려한 힘에 눈이 부셔 볼 수도 없고
　결과주의 달콤한 돈에 귀가 녹아 알 수도 없어
　너는 이겨야 하는 힘만 믿는 괴물들에
　나만 누려야 하는 돈만 믿는 괴물들에
　어디를 봐도 중심의 제도는 보이지 않고
　누구를 봐도 본심의 양심은 보이지 않고
　어디서 봐도 존심을 지키는 주인은 보이지 않으니
　이 땅은 힘만 믿는 정글 숲이나 다름이 없고
　이 땅은 돈만 믿는 껍질의 포장에 미쳐서 죽어가는 것이다.

09. 껍질뿐인 자본주의 허상

죽은 돈이 왕질 하는 일상의 나라
젊은 어미는 새끼 업고 앞세우고 로또 방을 나오고
젊은 놈은 중고 외제차 타고 아가씨 꼬느기로 나가고
아비는 계급에 갈라졌어. 종질하러 나가고
어미는 파트타임 일해서 딸년 성형수술 해주고
할아버지는 종북몰이 일당 벌로 나가고
할머니는 날밤 새고 폐지 주우러 나가고
자본주의 죽은 돈이 인간의 탐심을 부추기고 경쟁력은 달콤함에
끌고 가서 독식을 해도 화려함에 눈이 멀고 달콤함에 귀가 멀고 짜
릿함에 혼이 나간 좀비가 되었으니
이 나라는 남은 것은 화려해도 죽은 껍질이고
이 나라는 얻은 것은 달콤해도 생명 없는 포장이고
이 나라는 잡은 것은 짜릿해도 거짓의 허상뿐이다.
있는 데서 돌아봐라. 하는 데서 찾아봐라.
우리 것이 있는지 생명 있는 것이 있는지
올라가는 빌딩 숲에 간판 다는 양놈 숭늉 집에도 늘어나는 노점
상은 거지나 진배가 없는 것이고 생기는 건 요양병원 어매 묶어 빨
아가고 문을 여는 점포들의 양놈 왜놈 먹거리에 휘날리는 광고들은
양놈 글의 학원 모집에 펄럭이는 깃발들은 갇힌 놈의 거짓 깃발에
가로수의 가지마다 풍선 부는 빨간 깃발에 언어의 현란함은 썩어가
는 발악이고 깃발의 찬란함은 죽어가는 발악이다.

10. 왕만 사는 종만 사는 나라

이 땅은 그런 곳이고 이 땅은 그런 나라다.
왕만 사는 나라니 종만 사는 나라이다.
팽팽함의 균형의 제도가 없고
당당함의 균일의 제도가 없고
날카로운 말 같은 언론이 없고
까칠함의 칼 같은 법이 없고
갇힌 곳의 권력은 힘만 믿는 괴물이 되어 있고
죽은 곳의 재벌은 돈만 믿는 동물이 되어 있고
살은 곳의 국민은 정만 믿는 속물이 되어 있고
열린 곳의 노동은 편만 믿는 무리가 되어 있고
갇힌 곳의 짐승은 경쟁력만 노래하고
죽은 곳의 동물은 더 있다고 노래하고
살은 곳의 국민은 다 잃어도 남이가 노래하고
열린 곳의 노동은 또 죽어도 지편만 노래하고
갇힌 곳의 권력에 힘만 믿는 언론은 포장지의 보고서 쓰고
죽은 곳의 재벌에 돈만 믿는 사법은 고무줄에 각본 쓰고
살은 곳의 국민은 정만 믿는 객이 되어 생각 없이 따라가고
열린 곳의 노동은 편만 믿는 제도 없는 무리 되어 따라가고
어디서나 봐도 갇힌 곳의 결과는 짐승 같은 객기만 보이고
누구에서 봐도 열린 곳의 호기는 편성하는 기회만 보이고
언제나 봐도 당당함에 따지는 주인들은 보이지 않으니
갇혀서 힘만 믿는 짐승들이 나라가 되었고

죽어서 돈만 믿는 동물들이 나라가 되었어.

삿대질만 풍년이고 비명만 잔치하는 것이다.

왕만 사는 나라 자본주의 종만 사는 나라 결과주의 힘이 없는 주인에 지킬 수 없는 사람에 여기는 나라도 국가도 아닌 것이다.

11. 끌려가는 시체들

모두가 따라가니 옆을 볼 수가 없고

어디나 잡혀가니 돌아볼 수도 없고

언제나 묶여가니 잡아볼 수가 없고

눈이 없어 생각이 없고 귀가 없어 기억이 없고

혼이 없어 고민이 없으니

보이면 보는 대로 삿대질하고

들으면 듣는 대로 아우성치고

잡으면 잡힌 대로 악다구니 치니 조용하게 가는 날이 없고

삿대질이 쉬는 날이 없고 통곡 자는 날이 없다.

화려한 저항 깃발에도

붉은빛 투쟁 깃발에도

죽어가는 만장 깃발에도

끌려가니 돌아볼 줄도 모르고

묶여가니 돌아볼 줄도 모르고

잡혀가니 다시 볼 줄을 모르니

보아도 덕이 없는 나라고

들어도 참이 없는 나라고
잡아도 답이 없는 나라이다.
자본주의 홍단풍에 눈을 잃은 시체들
경쟁력의 꿀단풍에 귀를 잃은 시체들
더 있다는 청단풍에 혼을 잃은 시체들
잃어도 화려하게 춤을 추고 썩어도 달콤하게 노래하고
죽어도 짜릿하게 손뼉 치니
이 땅은 변할 수도 없고
이 땅은 변할 일도 없고
이 땅은 바뀔 일도 없다.

12. 세상은 따로 보면 죽는 곳이다

아직도 모르고 잃어도 모르고
그래도 모르고 죽어도 모르고
생각 없이 따로 보면 기억 없이 따라가면
잃는 것이 참이고 죽는 것이 답이다.
세상은 공짜가 없는 곳이고 세상은 따로가 없는 곳이다.
패권주의 홍단풍이 멋있다고 따라와서 얻은 것이 삿대질이고
자본주의 꿀단풍에 더 있다고 따라와서 받은 것이 비명소리고
결과주의 화려함에 문전옥답 다 팔아서 남은 재산 다 빨리고 갈
곳 없는 도시빈민 영세서민들.
결과주의 화려함에 노동자를 계급으로 갈라놓고

경쟁력의 달콤함에 빨아가도 따로 보고 외면하니
썩어가도 소금이 없고 죽어가도 약이 없는 것이다.
인간들아 정신 좀 차려라.
세상은 따라가면 잃는 곳이고 따로 보면 죽는 곳이다.
권력에 미친 인간들은 미국이 더 친한 인간들이고
자본에 죽은 인간들은 미국이 더 친한 인간들이다.
다 잃어도 미친 권력이 갈라주면 따라가고
다 죽어도 미친 자본이 쪼개주면 따로 보니
이 땅은 뿌리도 없고 줄기도 없이 죽어가는 것이다.

13. 변할 수 없는 것은 죽은 것이다

산은 어제 그 산이 아니고
들은 어제 그 들이 아니고
길도 어제 그 길이 아닌데
열린 곳에 사는 것은 생명 달고 사는 것은
가는 대로 부대끼고 부는 대로 부딪히면
뜨거운 태양 빛에 저항하다 빛이 바래고
작열하는 대지 위에 저항하다 색이 바래고
소리 없이 변해가고 쉼이 없이 변해 가는데
이 땅에 갇힌 인간들은 변할 수 없는 미친 인간들이고
이 땅에 죽은 인간들은 변할 수 없는 미친 인간들이니
변할 수 없어 썩어가도 이 땅에는 소금이 없고

바뀔 수 없어 죽어가도 이 땅에는 신약이 없다.
잃어도 저항이 없는 국민은 국민도 아니고
죽어도 반항이 없는 노동은 주인도 아니니
썩은 내음만 진동하고 죽은 진물만 출렁인다.

14. 서비스라는 한마디

서비스 이 한마디가 대한민국의 모든 것이다.
제도가 사라지고 주인이 없어지는 한마디
돈만 주면 다 해줘야 하는데
서비스는 왕처럼 모시는 것이다.
섬김의 화려함 뒤에 자존심 잃은 종놈의 피폐함은 언제나 따라
온다.
손이 없는 왕 발이 없는 왕 행이 없는 왕
자본주의 죽은 돈이 왕질하고 패권주의 화려한 경쟁력의 힘이
이 땅을 지배하니
사람도 보이지 않고 주인도 보이지 않고
모두가 죽은 돈에 묶여서 끌려간다.
합리적 논리는 언제나 역적이 되고
제도적 논리는 어디서나 실종이 되고
따지는 당당함도 사라지고 대드는 당연함은 멀어지고 비굴한 종
이 되어 죽어가는 목소리로
혹시 전화 오면 서비스 잘 받았다고 해주세요.

서비스평가 좀 잘 받게 해주세요.

모두가 개 목줄 같은 죽은 돈의 상대평가에 묶여서 비굴한 종이
되니 왕의 한마디면 지켜야 할 제도는 사라지고 합리적인 논리의 주
인이 도망을 가고 따져야 할 까칠한 소금의 논리도 함께 사라지니

썩어서 감각이 없는 것이고 죽어서 촉각도 없는 것이고

싸구려 저급한 왕만 사니 자존심 파는 비굴한 종만 사는 곳이다.

왕만 사는 나라 화려함의 품위 유지비에

종만 사는 나라 처절함에도 나는 아닌데

어디를 봐도 지키는 주인은 역적이 되고

언제나 봐도 따지는 논리는 반역몰이다.

이 땅이 살려면 서비스가 사라지고 모두가 살려면 특별이 사라지
고 주인이 살려면 제도가 주인이 되어야 하는 것이다.

갇혀서 죽은 놈이 팔아먹은 왕 자리에 이 땅은 썩어버렸고

죽어서 갇힌 놈이 팔아먹는 경쟁력에 이 땅은 죽어서 사람이 보이
지 않는 것이다.

15. 외눈박이 괴물들의 나라

우리는 외눈박이 한쪽 눈을 잃었고
모두는 외귀박이 한쪽 귀를 잃었고
언제나 짜릿함에 혼을 잃고 따라가는 종이다.
자본주의 홍단풍에 중독되어 눈을 잃고
경쟁력의 꿀단풍에 매몰되어 귀를 잃고

더 있다는 청단풍에 묶여버린 굴비들이다.
보아도 생각이 없고 들어도 기억이 없고
잃어도 돌아볼 수 없고 빼앗겨도 다시 볼 수 없는
외눈박이 괴물에 죽어도 돌아볼 수 없는 외귀박이 아귀들이 되었다.
자본주의 죽은 돈은 포장이라 언제나 화려하고
경쟁력의 죽는 힘은 결과라서 어디나 달콤하고
더 있다는 죽일 '더'는 거짓이라 누구나 짜릿한데
친절 뒤에 잃은 자를 볼 수 없으니
봉사 뒤에 빼앗긴 자를 볼 수 없으니
특별 뒤에 죽은 자를 볼 수 없으니
외눈박이 괴물이고 외귀박이 아귀들이다.
나라가 있으면 제도가 있어 잃은 자가 없을 것이고
제도가 있으면 우리가 있어 잃은 자가 없을 것이고
주인이 있으면 균형이 있어 잃은 자가 없을 것인데
간사하게 헛웃음 팔면 친절이 되고
비웃음에 자존심 팔면 봉사가 되고
언제나 과정 없는 결과에서 부르는 특별의 노래에
제도 없는 나라에서 친절은 가진 자의 화려한 껍질이고
주인 없는 나라에 봉사는 누린 자의 달콤한 노래이고
갇혀버린 나라에 특별은 갇힌 자의 짜릿한 포장이다.
이곳이 나라면 균형의 제도가 있어 여유가 친절이고
이곳이 국가면 보편의 나눔이 있어 일상이 봉사이고
이곳이 주인이 산다면 자발적 참여에 특별이 없을 것이다.
서푼의 죽은 돈에 파는 것이 무조건 친절이고
가진 놈의 우월감에 서푼을 나눔이 봉사이고

갇힌 놈의 결과의 노래가 일 터지면 특별이다.

누구나 같은 주인 사는 나라는 친절이라는 말이 없고

누구나 같은 제도 있는 나라는 봉사라는 말이 없고

누구나 같은 차별 없는 사는 나라는 특별이 없는 곳이다.

3
...

주인이 없는 나라

01. 친절이 법이 된 나라

왕만 사는 나라의 법은 친절이다.

돈만 주면 왕질 할 수가 있는 나라에서 왕의 말은 법이 되는 것이다.

제도에 있는 논리로 따지거나 다수의 합리적인 논리로 따지면 왕에 대드는 대역 죄인이 되는 것이다.

왕에 대한 법은 무조건이 되고 왕에 대한 서비스는 누구든지 왕이 만족할 수 있을 때까지 해야 하는 것이다.

제도에 있는 것이라고 따지면 불친절이 되고 제도를 지켜달라고 대들면 왕에 대한 불친절이라는 벗을 수 없는 대역 죄인이 되는 것이다.

왕은 감정도 눈물도 간도 쓸개도 없는 무조건의 간사한 종만 필요한 것이지 따지고 지키는 주인이 필요하지 않은 것이다.

왕의 말이 법이 되는 나라의 종살이는 아무리 비굴해도 참고 왕이 만족할 때까지, 왕의 말이 법이 되는 나라는 종살이는 왕이 아무리 잘못이 있어도 읍소하면서 헛웃음을 팔아야 목에 풀칠하고 살수가 있는 것이다.

제도에 있는 말이라고 제도적인 논리로 따지면 결과라는 평가 기준이 따라오고 평가라는 기준은 인사권이 되어 목줄을 죄는 것이다.

왕의 말은 법이 되고 종의 행은 무조건이 되고 제도적인 논리 지켜야 할 다수의 제도는 왕의 말 한마디의 순간에 사라지는 것이다.

그래서 누구나 힘만 믿고 돈만 믿는 것이고 힘을, 돈을 얻기 위해서 비굴한 종살이를 견디면서 왕이 되려 하는 것이고 왕이 되기 위해서 죽은 돈을 얻기 위해서 간 쓸개 다 빼놓고 헛웃음에 자존심을 팔고 사는 것이다.

누구나 돈만 있으면 왕이 되는 나라에서 경쟁력은 무조건 저급한 읍소에 간사함을 팔고 종질하고 얻은 죽은 돈으로, 무조건으로 법이 없이 왕질하고 사는 것이다.

왕만 사는 나라, 친절이 법이 되고 따지는 제도적 논리는 죄가 되는 나라에서는 제도가 있을 수도 없고 주인이라고 나설 수도 없는데, 누가 지킬 것이며 누가 소금이 될 수 있으며, 그래서 지킬 놈도 없고 따질 놈도 없어 온통 썩어빠진 내음만 진동하고 있는 것이다.

누구나 헬 조선이라고 말을 하지만 왜 헬 조선이 되는지는 모르고 있고 누구나 이 나라는 썩었다고 하지만 왜 썩었는지는 모르고 있는 것이다.

내가 믿고 있는 힘이 헬 조선이 되고 내가 믿고 사는 돈이 이 땅의 썩음의 본질이라는 것을 누구도 생각하지 않는 것이다.

왕만 사는 나라에서 누구나 힘만 믿으니 지옥이 되어버린 것이고 돈만 있는 나라에 어디서나 죽은 돈이 왕질을 하기 때문에 왕의 품위 유지비에 썩어버린 것이다.

02. 무엇이나 본질이 있는 것이다

어디서나 무엇이든 본질이 있는 것이고
언제든지 누구에게나 본성은 있는 것인데
자본주의 화려한 홍단풍에 지켜야 할 경계를 잃었으니

인간의 본질은 사라지고 경쟁력의 달콤한 꿀단풍에 가져야 할 중심을 잃었으니 주인의 본성은 무너졌다.

인간의 존엄의 본질은 완장의 화려한 패권에 사라지고
주인의 존재적 본성은 포장의 달콤한 결과에 무너지고
너와 나 우리 모두 경쟁력의 힘에 노예가 되어버렸다.
나만 더 너보다 내가 더에 소리 없이 묶여가니
인간으로서 가져야 할 본질은 어디에도 보이지 않고
주인으로서 지켜야 할 본성은 누구에도 찾을 수가 없는 것이다.
어디를 봐도 보이는 물질문명에 끌려가는 종들만 보이고
누구를 봐도 보이는 껍질 완장에 묶여가는 졸들만 보인다.
사람들아 인간이 가져야 할 본질은 어디에다 팔아먹었냐.
사람들아 주인이 누려야 할 본성은 무엇에다 팔아먹었냐.
있는 데서 돌아봐라. 그 무엇의 본질 속에 나는 어디에 있는지
하는 데서 다시 봐라. 그 무엇의 본성 속에 나는 어디에 있는지
내가 지금 쥐고 있는 것이 나의 본질인지
내가 여기 들고 있는 것이 나의 본성인지 생각하고 고민하고 숙고하여 뒤를 한 번 돌아보고 살자.

03. 시간과 제도와 비용은 삼위일체다

시간이 돈이고 시간은 법이고
시간이 약속이고 약속은 제도이고
제도는 비용이고 비용은 법이고

시간과 비용과 제도는 어디서나 삼위일첸데
따로 보니 왕이 되어 법이 없고
따로 노니 종이 되어 시간 없고
따로 아니 덕이 없어 답이 없다.
주인이 되면 스스로 해서 비용이 없고
제도가 되면 알아서 하니 시간을 벌고
약속이 되면 누구나 지켜 불평이 없는 것인데
왕만 사니 법이 없고 종만 사니 답이 없고
주인이 없으니 제도가 없고 사람이 없으니 지킴이 없고
둘이 없는 왕이 되니 품위 유지비를 물고
법이 없는 종이 되니 비굴함에 고달픈 것이다.
인간들아 제도는 주인을 만들고 양심은 시간을 만들고
중심은 서로의 비용을 만드는 것이다.
스스로 제도가 되고 알아서 주인이 되고 서로가 양심을 지키는
중심이 되면 물어야 할 비용이 줄어드는 것이다.
내가 주인이 되면 불평이 없어 삿대질도 잠자고
내가 제도가 되면 불만이 없어 아우성도 쉴 것이고
내가 중심이 되면 비용이 없어 사는 것이 여유일 것이다.
다 줄이고 살려면 주인이 되고 다 누리는 여유에 살려면
제도의 중심이 되어라.
있는 곳에서 주인이 되고 하는 곳에서 제도가 되고 가는 곳에서
비용이 되면 삿대질도 비명도 줄어드는 것이다.

04. 인간들아 정신 차려라

왕으로 사는 인간들아 정신 차려라
종이 되어 사는 인간들아 정신 차려라
주인 아닌 인간들아 정신 차려라.
돈만 주면 살 수 있는 왕 자리에
힘을 믿는 종이 되어 무는 것이 오늘이다.
갇힌 놈이 팔아먹는 경쟁력에 없는 놈에 빨대 꽂고
죽은 놈이 팔아먹는 '더 있다'에 잃은 놈에 빨대 꽂아
살은 놈을 갈라놓고 열린 놈을 묶어 노니
절망에다 가망 묶어 끌고 가니 따질 놈이 없고
희망에다 실망 묶어 잡아 노니 대들 놈이 없어
법이 되는 소금이 없어 썩어가고
힘이 되는 서로가 없어 죽어가고
갇힌 놈이 힘을 믿고 팔아먹은 왕 자리에
죽은 놈이 돈을 믿고 팔아먹은 경쟁력에
이 땅에는 남은 것이 껍데기뿐이고
이 나라는 얻은 것이 포장지뿐이다.
인간들아 보는 것만 보지 말고 생각하고
인간들아 듣는 것만 듣지 말고 기억하고
인간들아 잡은 것만 잡지 말고 고민해라.
지금 여기가 어딘지 돌아보고
오늘 여기가 어떤지 다시 봐라.
보이는 것은 화려해도 포장이고

들리는 것은 달콤해도 치장이고
잡히는 것은 짜릿해도 껍데기뿐이다.

05. 왕은 집에 두고 다녀라

약자를 보호하면 여유가 있겠고 사고가 줄겠고
시간이 줄겠고 비용이 줄겠는데
먼저 타겠다고 양보는 도망가고
질서는 누가 먹고 배려는 어디 갔나.
'나만 더'에 묶인 왕과 '너보다 내가 더'에 묶인 종만 보이니
불만은 하늘을 찌르고 불평은 바다를 이루네.
인간들아 제발 제도를 지키는 주인이 좀 되자.
인간들아 제발 생각을 하는 사람이 좀 되자.
집을 나오면 왕은 집에 두고 나오고
길을 나오면 법을 들고 나오고
들을 나오면 눈은 달고 나와라.
왕을 들고 나오니 왕의 품위유지비가 있고
법을 두고 나오니 삿대질이 춤을 추고
눈을 두고 나오니 옆에 사람이 안 보인다.
서푼에 왕 자리 사고 왕질을 하니 불만이 따라오고
몇 푼에 왕질을 하니 누구도 보이지 않고
왕에 갇혀서 눈이 없으니 모두가 잃는 것이다.
인간들아 세상은 공짜가 없다.

내가 왕질하면 누가 종이 되고

내가 종질하면 누가 왕이 되고

내가 주인이면 모두가 주인이다.

내가 제도를 지키면 비용이 되어 시간을 벌고 내가 질서를 지키면
시간이 되어 돈이 되는데 다 해줘도 불만뿐인 왕이 되니 삿대질이
풍년이고 게거품이 잔치를 하는 것이다.

06. 자본주의는 주인을 만들 수 없다

자본주의는 주인을 만들지 않는 곳이고

패권주의는 사람을 만들지 않는 곳이고

결과주의는 껍질 포장만 만드는 곳이다.

자본주의는 자발성의 주인을 만들지 않는 곳이고

패권주의는 다스림의 백성을 만드는 곳이고

돈만 믿는 자본주의는 사람이 종이 되는 곳이고

힘만 믿는 패권주의는 주인이 졸이 되는 곳이다.

국민의 자발성이 없는 여기가 민주주의냐

주인의 자존심이 없는 지금이 민주주의냐.

제발 정신차려라 인간들아.

하나뿐인 표 찍어도 돈을 믿는데

둘도 없는 표 주고도 힘을 믿는데

민주주의가 되고 주인 사는 세상이 되는 것이냐.

힘만 믿는 놈은 이념 줄에 묶어주면 따라가서 박수 치고

돈만 믿는 놈은 삼국지에 갈라주면 따로 보고 춤을 추고
있는 데서 돌아보고 하는 데서 다시 보고
내가 한 짓을 내가 알고 내가 할 짓을 내가 알 수 있다면
자기편을 알 수가 있고 자기편만 바로 알면
주인 사는 사람 사는 좋은 나라가 되는 것이다.
힘에 갇힌 놈이 달콤하게 갈라주면 따로 보고
돈에 죽은 놈이 화려하게 갈라주면 따라 보고
따라가는 종이 되니 잃는 것이고
따로 보는 졸이 되니 죽는 것이다.
권력에 갇힌 놈을 따로 보지 말고
자본에 죽은 놈을 따로 보지 말고
있는 데서 생각하는 주인 되고
하는 데서 기억하는 사람이 되면
그곳이 주인 사는 사람처럼 사는 세상이다.

07. 내가 힘들면 누가 해도 힘들다

내가 해서 힘든 것은 누가 해도 힘든 일이고
내가 해서 좋은 것은 누가 해도 좋은 것이고
내가 하기 싫은 일은 누구라도 싫은 것이다.
세상은 공짜가 없는 곳이고 세월은 그냥 가지 않는다.
누가 힘든 일을 내가 하면 누군가는 편할 것이고
내가 좋은 일을 내가 아닌 누가 하면 좋은 세상이고

내가 싫어도 누군가 할 일이면 힘들어도 얻는 것이 있을 것이다.

세상은 절대 공짜가 없는 곳이고

세상은 자기가 한만큼은 언제나 받는 곳이다.

내가 힘든다고 뿌리치고 내가 좋은 것만 찾아 하고

내가 싫다고 외면하고 내가 좋은 것만 찾아 하면

세상은 삿대질한다고 변하지 않을 것이고

세상은 악다구니 친다고 바뀌지 않을 것이다.

있는 곳에서 내가 힘든 일은 누군가 편한 일이고

하는 곳에서 내가 좋은 일은 누군가 잃은 일이고

가는 곳에서 내가 싫은 일은 누구도 싫은 일이니

편한 것도 찾지 말고 좋은 것도 찾지 말고 싫은 것도 외면하지 마라.

사람이 사는 곳은 힘든 일이 있는 곳이고

주인이 사는 곳은 싫은 일도 있는 곳이고

인간이 사는 곳은 좋은 일도 있는 곳이다.

너와 내가 사는 세상 우리 모두 사는 나라는

힘들어도 내가 나서면 사람 사는 세상이 되는 것이고

좋아해도 누구와 나누면 주인 사는 세상이 되는 것이고

싫어해도 내가 먼저 지키면 인간 사는 우리 사는 세상이 되는 것
이다.

세상은 힘든 놈이 얻는 것이 많은 곳이고

세상은 좋은 놈이 잃는 것이 많은 곳이고

세상은 싫은 놈에 받는 것이 많은 곳이다.

어차피 너나 나나 내 뜻대로 나온 것도 아니고

어차피 우리 모두 내 맘대로 나온 것도 아니니

내 뜻대로 되는 것도 없고 내 맘대로 되는 것도 없으니

있는 데서 힘들어도 내가 얻는 일이다 생각하고
하는 데서 좋은 일은 내가 하면 잃는 일이다 생각하고
가는 데서 싫은 일은 내가 하면 바꾸는 일이다 생각하면 하는 일
이 가벼울 것이고 좋은 일은 나눠질 것이고 싫은 일을 지킬 것이다.
그곳이 세상이 변하는 곳이고
그곳이 사람 사는 세상이고
그곳이 주인 사는 세상이다.
너와 나를 따로 보지 말고 세상 좋음 나쁨 싫음을
따로 보지 마라.
오늘 이 땅이 처절한 것도 너와 나를 따로 본 값이고
지금 이 땅이 지옥인 것도 나와 너를 따로 본 값이다.

08. 편이 없는 사회가 민주주의다

편이 없는 말을 해서 편을 만들 수 있는 그런 사회
덕이 없는 말을 해서 덕을 만들 수 있는 그런 사회
논리적인 까칠함이 힘을 벨 수 있고 합리적인 논리가
제도를 만들 수 있는 그런 사회가 민주주의다.
내 안에 있는 중심의 양심이 서로의 논리를 만들고
서로의 까칠한 논리가 공존의 다수가 되면
그것이 법이 되고 인정함이 지켜지는 경계가 되는 것이고
그곳이 주인 사는 땅이고 더불어 사는 생명들이 공존하는 땅인
것이다.

있는 곳에 편이 없는 것이 주인 사는 나라고
하는 것에 편이 되는 것이 사람 사는 나라고
가는 곳이 편해지는, 누구나의 양심의 있는 나라가 민주주의 제
도주의가 되는 것이다.
힘이 없어 바람 같이 막힘이 없고
돈이 없어 자연 같이 쉼이 없고
강물 같이 흘러가는 것이 생명도 사람도 함께 더불어 살 수가 있
는 것이다.
세상은 따로인 것이 없고 세상은 나만의 것이 없는 곳인데
힘을 믿으니 따로 보고 편이 되고
돈을 믿으니 따라가서 객이 되고
합리적인 논리는 힘센 놈에 팔아먹고
객관성의 논리는 돈센 놈에 팔아먹고
따로 놀고 따로 보니 사는 것이 고달픈 것이다.

09. 주인으로 살면 세상이 보인다

세상을 보려 하면 주인이 되는 것이고
세월을 보려 하면 비우며 사는 것이고
누구를 보려 하면 내 안에 힘을 버리고
자신을 보려 하면 내 안에 돈을 버려라.
세상을 보는 주인은 중심에 있는 것이고
세월을 아는 사람은 비우고 사는 것이고

너를 볼 수 있는 곳은 힘을 버리는 그곳이고
나를 알 수 있는 곳은 돈을 버리는 그곳이다.
누구나 중심의 경계에 서면 원인과 결과가 보이고
언제나 과정의 중심에 서면 너와 우리가 보이고
너를 보고 나를 알면 사는 세상의 거울이 되는 것이고
나를 알고 너를 보면 가는 세월의 동무가 되는 것이다.
사는 것이 별것도 없고 하는 것이 다른 것도 없는데
잡으려 하니 중심이 흔들려서 끌려가고
묶으려 하니 진심이 없어 네가 보이지 않고
이기려고만 하니 편이 없어 죽는 것이다.
세상을 보려 하면 주인이 되는 것이고
세월을 보려 하면 비우며 사는 것이고
누구를 보려 하면 내 안에 힘을 버리고
자신을 보려 하면 내 안에 돈을 버려라.
힘을 버리면 네가 보이고
돈을 버리면 내가 보이고
더를 버리고 너를 잡아서 우리가 사는 세상이 되는 것이다.

10. 중심이 아니라서 사는 것이 힘들다

나는 이 땅의 주체인가 객체인가?
내가 보이는 결과에 산다면 나는 객체가 될 것이고
내가 들리는 결과에 있다면 나는 객체가 될 것이고

내가 잡히는 결과만 본다면 나는 무엇의 노예가 될 것이다.

보이는 것은 원인이 지난 죽은 것이고

들리는 것은 과정이 끝난 죽은 소리고

잡히는 것도 과정이 끝난 죽은 것인데

보이는 것이 화려해서 따라가니 멈춤이 없고

들리는 것이 달콤해서 따로 보니 중심도 없고

잡히는 것이 짜릿해서 끌려가니 주체도 아닌 것이다.

보는 대로 허우적대니 삿대질이고

듣는 대로 아우성치니 비명 소리고

잡는 대로 편이 되니 주인 없는 무리들이로다.

세상은 언제나 중심에 있고

세월은 누구나 과정에 있고

서로는 어디나 경계가 있는데

내 안에 중심이 없으니 주체도 아니고

내 안에 과정이 없으니 우리도 아니고

내 안에 절제가 없으니 제도도 아니니

모두가 사는 것이 힘이 들고 누구나 하는 것이 힘든 것이다.

11. 세상은 그런 곳이다

내가 주인으로 살면 주인 사는 땅이고

내가 사람으로 살면 사람 사는 땅이고

내가 왕으로 살면 패권주의 사회이고

내가 종으로 살면 갑질하는 사회다.

주인 사는 땅이면 제도의 경계가 있고

사람 사는 땅이면 서로의 양심이 제도가 되는 것이다.

왕이 사는 땅이니 법이 없어 누가 없고

종이 사는 땅이니 누가 없어 참이 없고

내가 없는 사회니 주인이 없는 사회다.

주인은 누구나 같은 보편성이 제도이고

사람은 언제나 같은 인간성이 제도인데

왕만 사니 둘이 없어 수치가 없고

종만 사니 누가 없어 염치도 없고

힘을 믿어서 종이 되었고 돈을 믿어서 졸이 되었고

더를 믿어서 인간이 노예가 된 것이다.

주인 사는 나라는 힘이 없고

사람 사는 나라는 돈이 없고

우리 사는 나라는 '더'가 없는 곳이다.

서로가 지키면 주인이 되는 것이고

알아서 나서면 사람이 되는 것이고

모두가 같으면 주인 사는 나라가 되는 것이다.

12. 내가 하는 것의 감사함이다

내가 하는 것이라 생각하면 작은 것이라도 감사하고

누가 하는 것이라 생각하면 다 해줘도 불만이고

내가 하는 것은 불만이 없어 비용이 없고
누가 하는 것은 어디서나 비용이 따르고
내가 스스로 하는 행이면 주인이 되는 것이고
누가 시켜서 하는 명이면 종이 되는 것이다.
이 땅은 자본주의 홍단풍에 자발성을 잃었고
이 땅은 경쟁력의 꿀단풍에 자주성을 잃어서
누구나 돈만 주면 살 수 있는 왕이 되고
어디나 서푼 주면 종이 되는 나라가 되니
주인 없는 나라에 사람 없는 나라에 왕의 품위유지비에 삿대질이
풍년이고 종의 비굴함에 아우성만 잔치하는 것이다.
인간들아 힘을 믿지 말고 나를 믿고
인간들아 돈을 믿지 말고 너를 믿고
인간들아 내가 주인 같이 살면 주인 사는 나라고
인간들아 내가 사람 같이 살면 사람 사는 나라다
내가 중심에 살면 다 내 것이라 주인이 되는 것이고
내가 껍질에 살면 다 누려도 종이 되는 것이다.
무엇이나 내가 하는 것이라 생각하면 작은 것이 감사하고
어디서나 누가 하는 것이라 생각하면 다 해줘도 불만이다.
작은 것에 감사하는 주인으로 살고,
하는 것에 누가 있는 사람으로 살면
그곳이 주인 사는 민주주의이다.

13. 세상은 단순한 곳이다

주인으로 살려면 주인처럼 하면 되는 것이고
사람으로 살려면 사람처럼 하면 되는 것이고
딴 세상을 살려면 딴 생각을 하면 되는 것이다.
주인으로 살려면 스스로 나서면 되는 것이고
사람으로 살려면 스스로 알아서 시작하면 되는 것이고
딴 세상을 살려면 스스로 딴 생각을 하면 되는 것이다.
세상은 그런 곳이다.
잃지 않으려 하면 스스로 나서는 주인이 되고
빼앗기지 않으려 하면 알아서 따지는 사람이 되고
바꾸고 싶으면 내가 바뀌면 세상은 바뀌는 것이다.
세상은 단순한 곳이다.
갇힌 놈은 가두고 죽은 놈은 죽이고
열린 놈은 열고 살은 놈은 살리고
보는 대로 생각하고 행동하면 얻는 것이고
듣는 대고 기억하고 행동하면 받는 곳이고
받는 대로 고민하고 행동하면 이루어지는 곳이다.
세상은 별것도 없고 세상은 다를 것도 없는 곳이다.
스쳐가는 것에서 생각을 하고
지나가는 것에서 기억을 하고
사라지는 것에서 고민이 되어 행동을 하면
얻어지는 것이 세상이다.

14. 자발성을 잃어버린 나라

잃고도 그냥 있으면 또 당한다고 하면
'내가 힘이 없는데 할 수가 없잖아.'
빼앗기고도 노동이 함께 뭉치면 충분히 이길 수 있다 하면
'내 하나 그런다고 바뀌겠나.'
누가 가만히 있는데 알아서 줄 놈이 없다고 하면
'나는 열심히 일만 하고 살겠다.'
계급으로 갈라진, 종이 된 노동은 간사한 헛웃음 팔고 비굴한 자
존심 팔고 노예처럼 일만 하는 짐승이 되었는데
있는 데서 소금이 될 수 없는 노동에
이 땅은 안 썩을 수가 없는 것이고
하는 데서 중심이 될 수 없는 사람에
이 땅은 안 곪을 수가 없는 것이고
가는 데서 제도가 될 수 없는 주인에
이 땅은 안 죽을 수가 없는 것이다.
있는 데서는 '내 것도 아닌데 뭐 할라고.' 자발성이 없고
하는 데서는 '내 것도 아닌데 모른 척 하지.' 방관자가 되고
가는 데서는 '내가 나서봐야 괜히 귀찮지 뭐.' 공범자가 되고
종이 되어 뼈빠지게 살아도 남는 것이 없고
졸이 되어 날밤 새고 일해도 얻을 것이 없고
이 나라에 노동이 주인 아닌 객이 되니 지킬 사람이 없는 것이다.
자본주의 죽은 돈에 팔아먹는 양심에
패권주의 갇힌 힘에 팔아먹는 서비스에

결과주의 경쟁력에 팔아먹는 자존심에
왕만 사는 자본주의 종만 사는 패권주의
과정 없는 결과주의 주인 없는 대한민국
썩어도 답이 없고 죽어도 답이 없는 것이다.

15. 같은 것은 같은 것을 이기지 못한다

힘은 힘을 이기지 못하고
돈은 돈을 이기지 못하고
더는 더를 이기지 못한다.
같은 것은 같은 것을 이기지 못한다.
힘을 믿으면 따라가는 종이 되는 것이고
힘을 믿는 종이 되면 생각이 없어지고
돈을 믿으면 따라가는 종이 되는 것이고
따라가는 종이 되면 기억이 없어지고
더를 믿으면 따라가는 종이 되는 것이고
따라가는 종이 되면 고민이 없어지고
생각이 없어지고 기억이 없어지고 고민이 없어지면 잃어도 분노할
줄 모르고 빼앗겨도 저항할 줄 모르고 따질 줄 모르는 인간이 되어
세상의 방관자가 되고 사회의 비판자가 되어 세상을 썩게 하는 나
쁜 놈의 부역자가 되는 것이다.
같은 것은 같은 것을 이길 수가 없고
따라가면 종이 되어 이길 수도 없고

따로 보면 힘이 없어 얻을 것이 없는 것이 세상이다.

따라가는 종이 되면 생각이 없고 생각이 없으면 기억도 없고 기억이 없으면 고민도 없는 그냥 하나의 고깃덩어리에 불과한 것이다.

생각을 하려 하면 힘을 버리고

기억을 하려 하면 돈을 버리고

고민을 하려 하면 더를 버려라.

그곳이 사람 사는 주인 사는 세상이 있는 곳이다.

4
...

이 땅을 망치는
지식관료주의

01. 국가란 무엇이고 국민은 무엇인가?

국가란 무엇이고 국민은 무엇인가?

나라는 무엇이고 주인은 무엇인가?

국가는 무엇으로 하나 되고 주인은 무엇으로 우리가 될 것인가?

이곳이 국가라면 국민이 있을 것이고

이곳이 나라라면 주인은 있을 것이고

이곳이 국가라면 제도가 있을 것이고

이곳이 나라라면 과정이 있을 것이고

국민의 삶이 중심이면 국민의 삶의 과정은 제도가 되는 것이다.

그런데 나라에는 제도가 없으니 노동은 주인이 아니고

국가에는 주체성이 없으니 우리는 제도 없는 왕이 된 것이다.

권력에 갇힌 자들은 국민을 지역주의로 편을 가르고

자본에 갇힌 자들은 노동을 계급으로 편을 가르고

갇힌 국민의 삶에 과정이 없는 죽은 제도에 특별이라고 이름 짓고

특별을 누리고 살고 있는 것이다.

갇혀진 특별이 법이 되니 힘센 놈만 잘 살고

죽어서 산 것을 모르니 돈센 놈만 잘 살사는

법이 없는 나라가 되어버린 것이다.

법이 없는 나라에 모두가 갇혀버린 나라에

새끼는 배꼽 떨어지면 지식교육에 모두 가두어버렸고

청년은 경쟁을 위한 도구가 되어

학원으로 고시원으로 모두 갇혀버렸고

가두어서 감각의 기능의 자발적 능력을 다 죽여 버렸고 중년은 갇

혀서 죽은 새끼에, 목줄에 담보 잡혀서 뒷바라지한다고 노예 되어 허덕이고 있고 노년은 돌봐 줄 사람이 없어 병원 줄에 갇혀버린 인간의 삶의 바탕이 되는 가정도 가족도 모두 파괴하고 얻은 것이 오늘이다.

이 땅은 모두가 갇혔으니 생산할 알도 없고

이 땅은 어디나 갇혔으니 지켜낼 땅도 없고

이 땅은 언제나 갇혔으니 살아낼 국민도 없는 것이다.

이곳이 국가라면 누구나 같은 제도가 있어

자발성이 만들어질 것이고

이곳이 나라라면 어디에나 같은 주인이 있어

자주성이 지켜질 것인데

갇혀서 살기가 힘든 국민은 새끼를 갇힌 놈 만든다고 비굴한 종이 되어버렸고 더 먹겠다는 죽은 자본은 경쟁력의 이름으로 주인을 소모적 졸로 만들고 있는 것이다.

지금의 이 국가는 누구의 국가이고

오늘의 이 나라는 누구의 나라인가?.

이곳이 국가라면 균형이 되는 제도를 만들어야 할 것이고

이곳이 나라라면 누구나 지키는 법이 있어야 할 것이고

국가의 제도는 과정의 중심에서 나오는 것이고

나라의 제도는 주인의 삶의 중심에서 나오는 것인데

언제나 갇혀서 결과만 아는 죽은 자들이 제도를 주무르니

특별의 화려함만 더해가고,

어디나 갇혀서 결과만 있는 자들이 제도를 만들어가니

차별의 달콤함만 더해가고,

국민의 고혈을 빨아서 하는 일은 껍질 포장의 토목 공사에 전시행

정만 하고 있고 지방자치제는 뜻도 없는 지방잔치에 생명 없는 풍장
만 울리고 있는 것이다.

여기는 죽었다. 저기는 죽였다.

오늘도 죽었다. 지금도 죽였다.

환경이 죽어가도 제도 없는 껍데기의 포장질만 화려하니 삿대질이
노는 날이 없고 사람이 죽어가도 잔치 풍장소리만 요란하니 통곡소
리 쉬는 날이 없고 날리는 것은 빨간 깃발에 열리는 것은 만장 깃발
뿐이다.

02. 갑질의 부역자들

이 땅의 처절한 갑질의 부역자는 갇혀진 지식이다.

갇혀서 살아있는 실무를 모르는 관료주의자들이

죽어서 과정이 끝난 죽은 먹물의 종이 들고

서열의 힘을 믿고 경쟁의 돈을 믿고 국민을 졸로 보고

노동을 종으로 보는 죽은 지식이 갑질의 부역자들이다.

행정의 어느 곳에나 칸에 갇힌 힘만 믿는 갇힌 자들

행정의 어디서나 과정이 끝난 결과의 죽은 껍질 들고

서열의 힘을 믿고 포장의 돈을 믿고 죽은 자본에 부역하는 갇힌
지식이 갑질의 부역자들이다.

화려하게 섬긴다는 갇힌 논리에

달콤하게 해준다는 죽은 논리로

과정 없는 결과주의 갇힌 치장에다 왕 자리만 팔아먹고

제도 없는 껍데기의 죽은 포장에다 무조건을 팔아먹고

따질 수 없는, 주인 없는 나라에다 대들 수 없는, 사람 없는 나라
를 만들어

힘만 믿는 갇힌 나라에 정글이 되었고

돈만 믿는 죽은 나라에 껍데기 포장만 있는 나라에

갑질이 판을 치는 생각 없는 나라가 된 것이다.

갇힌 놈 죽은 놈은 언제나 한 편이고

죽은 놈 갇힌 놈은 어디서나 같은 편인 것이고

힘만 믿는 왕만 사는 나라

돈만 믿는 종만 사는 나라

주인 없는 나라가 된 것이다.

03. 악순환의 고리

누구나 보이는 것은 결과이다.

언제나 보이는 것도 결과이다.

어디나 보이는 것은 결과이다.

결과는 과정이 끝난 죽은 것이라서 할 수 있는 것은 포장밖에 없
는 것이다.

나라의 국민은 시작의 원인이 되고

나라의 노동은 과정의 중심이 되는 것이고

지식은 나라의 결과가 되는 것이다.

결과에서 나오는 이론지식은 과정의 끝에서 출발하는 것이고 그

출발이 논리적 포장을 하는 것이고 지식이 화려한 것은 칸에 갇힌 서열의 죽은 힘의 포장에서 나오는 것이다.

우리 사회는 결과주의 지식사회고

자본주의는 결과에서 나오는 포장주의다.

지식사회는 어떤 문제의 본질에서 출발하는 것이 아니라 과정이 끝난 결과에서 출발하는 것이라서 문제의 본질을 해결할 수가 없고 할 수 있는 것은 껍질을 덧대는 포장밖에 할 수 없는 것이다.

여기에서 대한민국의 악순환의 고리가 시작되는 것이다.

민주주의 정치나 행정이라는 것은 국민의 삶을 위한 균형적인 제도를 만들고 국민의 삶을 제도적으로 관리하여 국민의 자발성을 만들고 국민 각자의 자발적 참여에 의한 비용을 만들어가는 것이다.

대한민국의 정치·행정·사회 모든 구조는 결과에 의한 지식이 주도하는 사회이다.

이런 사회 구조에서는 합리적인 다수를 위한 균형적인 제도가 나올 수 없는 것이고 결과에 의한 힘이 경쟁이라는 화려한 힘으로 포장만 만들 수 있는 것이고 껍질에 의한 힘의 가치를 믿고 완장 껍질을 숭배하는 미친 사회가 되는 것이다.

그리고 완장을 가진 정치나 행정을 하는 사람들은 국민에게 무엇을 해주겠다는, 힘을 믿는 보여지는 껍질의 토목전시행정을 하고 있는 것이고 대학교수 변호사·회계사·관변단체·시민단체·여성단체 등 이런 실무전문성이 없는 사람들은 국민이 필요한 제도를 만드는 것이 아니라 껍데기 포장을 믿는 토목전시행정의 들러리만 서고 있는 것이다.

실무전문성이라고 하는 것은 과정에 있는 노동에 있고, 일상의 반복된 노동 행위가 중심이 되어 가장 많은 것을 알 수 있는 것임에도 실무적인 노동의 가치를 인정할 수가 없는 사람들이 거대 벽을 형성하고 우리 사회의 껍질을 주도하는 악순환의 고리가 되고 있는 것이다.

국민의 삶을, 원인으로서 모두를 지켜야 할 제도적 바탕은 과정에 있는 노동의 균형적인 시각에서 만들어져야 함에도 노동자의 실무적인 논리는 결과에 갇혀진 지식 완장에 의해 인정받을 수 없는 거대 벽이 되고 거대 벽 속의 갇혀진 결과주의 지식사회는 힘을 믿는 돈을 믿는 껍질 포장만 있는 죽은 사회가 되어 이 땅을 썩어가는 악순환의 고리에 가두어 버린 것이다.

다수의 국민이 원인의 본질이고 객관적 중심의 노동이 과정의 바탕이 되어야 제도적인 사회 다수의 균형적인 사회가 될 수 있음에도 갇혀진 결과주의 죽은 지식이 이 땅의 본질이 되고 힘만 믿는 경쟁력이 이 땅의 바탕이 되어 힘을 믿는 돈을 믿는 생명 없는 포장주의가 되어 이 나라는 껍질만 남기고 죽어가는 악순환의 고리가 되어 있는 것이다.

04. 민주주의는 과정에서 나온다

세상의 중심은 언제나 과정에 있는 것이다.
세상은 언제나 원인이 있고 과정이 있고
결과가 있는 삼위일체가 되는 것이다.
삼위일체의 중심은 과정이 되고 과정이 지난 것이 결과가 되는 것이다.
나라의 국민은 원인이 되는 것이고

나라의 노동은 과정이 되는 것이고

나라의 지식은 결과가 되는 것이다.

민주주의 국가는 제도주의이고 제도주의는 국민의 삶의 과정에서 제도가 나오는 것이다.

제도는 언제나 너와 내가 살아가는 과정에서 필요한 것이고 과정에서 필요한 것은 과정의 바탕에서 만들어지고 과정의 바탕에서 관리되어야 살아있는 살 수 있는 제도가 되는 것이다.

대한민국은 결과주의 사회이고 자본주의는 과정을 인정하는 경쟁주의 사회이다.

국민의 삶의 과정에서 만들어지고 관리되어야 할 제도가 결과만 아는 사람이 제도를 만들고 관리하고 있는 것이고 과정에 있는 보통 사람은 제도권에 들어갈 기회조차 없는 구조화되어 있는 곳이 대한민국이다.

원인의 국민이, 과정의 노동이 되어 실무적인 제도를 만들어야 함에도 국민의 삶의 과정에서 문제가 발생하면 과정이 끝난 결과에 의해 제도를 만들고 그것이 특별법이라고 이름 붙이고 있는 것이다.

책상에 갇혀서 과정이 끝난 결과만 아는 사람들이 특별을 누리고 살면서 국민의 삶과 무관한 결과에서 제도를 만들어내고 있는 것이다.

민주주의 제도주의 국가는 국민의 삶 속에서 실무전문성을 가진 사람이 실질적인 제도를 만들어 불평과 비용을 줄여가는 과정에 의한 제도주의 사회인 것이다.

제도주의라는 것은 국민 스스로가 참여하는 자발성을 만들어내고 가치에 효율성을 높이고 비용을 줄여가는 사회인 것이다.

그런데 이 땅의 정치구조는 실무를 전혀 모르는 사람들이 책상에 갇혀서 결과에 의한 화려한 껍데기 포장으로 비용만 만들고 경쟁만 만들고 거품만 만들고 있는 것이다.

세상의 중심은 언제나 과정에 있는 것이고 과정이 중심의 바탕이 되는 것은 세상의 기본원리가 되는 것이다.

민주주의 제도주의 나라 또한 이와 같은 세상의 기본원리에 의해 중심의 바탕에서 제도를 만들고 과정의 다수에 의해 균형의 제도를 만들어가는 것이다.

국민의 원인에서 노동의 과정에서 서로의 중심이 되는 제도를 만들고 다수의 인정함으로 분쟁을 예방하고 불신의 비용을 줄이는 것이고 이것이 민주주의 제도주의의 목적이 되는 것이다.

대한민국은 지식사회이고 결과주의 사회이고, 갇혀서는 살아 있는 실무를 모르고 특별을 누리는, 소수 특별 권력집단이 나라를 경영하고 있는 패권주의 사회이다.

과정의 실무를 모르고 결과만 아는 이론지식과 결과에서 만들어지는 제도는 껍데기의 화려한 포장밖에 할 수 없는 것이고 그 포장이 섬긴다는 달콤함이고 섬긴다는 저급함이 껍데기 화려한 친절로 포장만 하고 있는 것이다.

어디에도 사람은 보이지 않는 경쟁만 있고 제도를 만들어 균형을 만들어야 할 제도기관이 경쟁적으로 껍데기 포장에 혈안이 되어 이 땅을 죽이는 불평등의 구조를 만들어가며 생명을 죽이는 근원이 되고 있는 것이다.

05. 이 땅을 망치는 관료주의

대한민국은 관료주의 사회, 지식관료주의 사회이다.

실무를 모르는 이론지식을 가진 사람이 관료가 되고 사회성이 없는 관료주의 지식이 고위공직에서 결정권을 행사하고 있는 것이다.

하위 공무원 또한, 실무를 전혀 모르는 사람이고 젊은 사람들이 머리 하나 믿고 고시원에 갇혀서 철이 지난 죽은 먹물 달달 외워서 공무원이 되고 실무를 모르니까, 윗자리의 결정권자의 지시만 따르고 국민을 위한 실질적인 행정을 하는 것이 아니라 국민의 삶과 관계가 없는 전시행정 포장행정만 하고 있는 것이다.

책상에 갇혀서 알 수 있는 것은 국민의 삶, 과정이 끝난 결과이고 결과에서 할 수 있는 것은 포장밖에 없는 것이다.

머리 좋다는 하는 고위 관료출신들은 공부를 한다고 대부분이 일반적인 사회성을 갖출 수가 없는 사람들이다.

사법고시 행정고시 각종 고시 출신들이 일상의 국민들 삶 속에서 일반적인 국민이 살아가는 것을 체험도 할 수 없을 만큼 열심히 공부를 해야 하고 이런 사람들이 고위관료가 되는 사회구조인 것이고 실무전문성이 없는 사람이 믿을 수 있는 것이 계급에 의한 힘인 것이다.

절차에 따른 제도적인 행정을 하고, 각종 위원회를 두고 정책을 만들어낸다고 해도 실무를 전혀 모르는 이론 지식과 전문성 없이 기득권만 가지고 사는 특권층 완장 고픈 시민단체가 행정이 만들어내는 포장된 결과를 가지고 전시행정 포장 행정의 거수기가 전위대가 되고 있는 것이다.

국민이, 시민이 살아가는데 필요한 것은 제도인데 제도를 만드는 것이 아니라 거대 벽 속에 갇혀서 껍데기 포장만 만들고 있는 것이다.

과정의 실무를 모르니 제대로 된 제도는 만들 수가 없고 제도를 만들 수가 없으니 허구한 날 바꾸고 깨부수는 전시행정에 포장행정에 국민의 혈세를 낭비하고 있는 것이다.

지방자치제도는 행정이 뜻도 모를 잔치만 하는 지방잔치제도가 되어 있고 너도 나도 이권에 눈이 어두운 인간들은 우후죽순 단체를 설립하고 토목잔치에 혈안이 되어 있고 이권이 따르는 일을 주도할 수 있는 완장을 가지려고 하고 우리 사회는 완장 고픈 미친 놈과 포장 고픈 미친 놈의 미친 사회가 되었고 그 출발점이 관료주의사회 실무전문성이 없는 사람이 주도해 가는 제도 없는 껍질 사회가 되어버린 것이다.

06. 제도가 하드웨어이다

하드웨어는 제도이고 소프트웨어는 시설이다.

아무리 좋은 소프트웨어가 있어도 효율성이 높은 하드웨어가 없다면 소프트웨어는 기능을 상실하는 것이다.

화려한 소프트웨어는 결과에서 갇힌 곳에서 만들 수가 있지만 효율성이 높은 하드웨어는 결과에서 만들어 낼 수가 없고 과정에서만 만들 수가 있는 것이다.

민주주의는 제도주의이고 제도주의 하드웨어는 과정에 있는 것이고 과정에서 실무 전문성에 의해 만들어질 수가 있어야 제도적 기능을 할 수가 있는 것이다.

아무리 화려한 시설의 소프트웨어가 있다고 해도 실무적인 효율성이 높은 제도 하드웨어가 없다면 그 사회는 끝없는 분쟁과 충돌만 일어나는 것이다.

그런데 지금 대한민국은 과정에서 제도가 나올 수가 없는 정치 구조를 가지고 있고 과정에서 실무 전문성을 가지고 있는 노동의 가치를 활용할 수가 없는 사회적 구조를 가지고 있기 때문에 실효성이 높은 하드웨어는 절대 만들어 낼 수가 없는 것이다.

언제나 원인과 과정이 끝난 결과에 사는 지식이 아무리 화려한 소프트웨어를 만들어도 국민의 삶 속의 살아가는 실질적인 과정에서 제도가 나올 수가 없는 정치구조에서는 효율성이 높은 제도 다수의 국민이 참여하는 자발성으로 만들어갈 수가 없는 것이다.

그래서 국민의 실질적인 삶을 위한 제도 하드웨어를 만들 수가 없는 것이고 제도를 만드는 과정에서 국민의 자발적 참여를 만들어 내지 못하여 국민이 제도적인 주체가 되지 못하는 것이다.

민주주의 제도는 특별한 것이 아니라서 특별에서 만들어지는 것이 아니라 국민의 삶의 일상에서 제도를 만들어 가는 것이다.

갇혀서 사는 특별한 사람이 갇혀서 보는 결과에서 제도가 만들어지면 특별한 소수를 위한 제도가 되는 것이고 특별한 제도는 특별한 소수만 누리는 패권주의가 되는 것이다.

민주주의는 특별이 없는 차별도 없는 보편성의 제도가, 일상의 제도가 되는 것이고 일상의 국민 각자의 삶에서 자발적 논쟁이 필요할 때마다 논쟁의 요구에 의해 제도가 만들어질 수가 있어야 민주주의라고 할 수가 있는 것이다.

지금 이 땅의 정치구조 대다수 정치인이 관료 출신들이 고위 공직

자들이고 일반적인 국민의 삶 속에서 실무전문성을 가지고 있는 사람이 아니라 국민의 삶의 과정이 끝난 이론적인 지식을 가진 사람들이 제도권으로 들어가는 것이다.

이런 특별한 사람들은 국민의 눈높이에서 국민이 필요한 제도 다수를 위한 효율성이 높은 제도 하드웨어를 만들 수가 없는 것이고, 그래서 아무리 좋은 소프트웨어를 만들어도 기능을 할 수가 없고 충돌이 일어나고 서로의 불신과 불만이 사회적 충돌의 비용이 되는 것이다.

국민의 삶에서 필요한 실질적인 제도를 만들어 낼 수 있는 정치구조가 되어야 제도주의가 되고 민주주의가 될 수가 있는 것이다.

나라는, 국가는 누군가 특별한 사람이 무엇을 해주는 곳이 아니라 국민 스스로가 자발적 주인 의식을 가지고 결집된 힘을 만들어야 하는 것이고 국민의 결집된 힘이 균형의 제도를 만드는 것이고 균형의 제도는 국민 삶의 과정의 중심에서 나오는 것이다.

그것이 서로의 공존의 제도가 되고 그것이 효율성이 높은 충돌이 없는 하드웨어가 되는 것이다.

07. 관료주의를 청산해야 한다

이 땅의 정치구조 사회구조는 결과주의 힘을 믿는 패권구조이다.

사회성이 없는 갇힌 곳에서 결과의 이론적인 지식을 습득하여 행정·사법 각종고시 출신들이 행정의 요직에서 결정권을 가지고 있는 것이다.

실무를 가장 모르는 사람들이고 국민의 삶이 끝난 결과만 알 수 있는 사람들이 결정권을 가지고 있는 것이다.

사회적 가치와 실질적인 현장의 실무를 모르는 사람들이 공무원이 되어 가장 비효율적인 집단이 되어 나라를 좀 먹고 있는 것이고 실무적으로 아는 것이 없는 자들이 논리적으로 따질 수도 없고 그냥 윗자리의 무능한 관료들의 눈치만 보고 예스맨이 되어 저급한 왕 자리만 팔아먹고 그 왕 자릿값을 국민이 품위유지비로 물고 있는 것이다.

언제나 책상에서 알 수 있는 것은 과정이 끝난 죽은 결과뿐이고 결과의 죽은 것에서 할 수가 있는 것은 포장뿐인 것이다.

제도적인 절차를 따른다고 해도 결과만 아는 자들이 할 수 있는 일은 껍데기 포장만 할 수 있는 것이고 이것은 친절이라는 저급한 저자세 하나로 합리적인 설득 없이 국민에게 읍소하고 비용을 낭비하고 세금을 갉아 먹고 있는 것이다.

각종 자료 데이터 등을 가지고 한다고 하지만 이것 또한 과정이 끝난 죽은 것이고 수치적 짜릿함을 말하는 빅 데이터 이것 또한 결과에서만 나오는 죽은 것이고 국민의 삶의 과정이 지나야 나오는 것은 결과의 죽은 것이다.

과정의 실무가 제도가 되고 행정이 될 수 있어야 국민의 자발성을 만들 수가 있고 국민의 자발적 공여적 참여가 이루어 질 수 있어야 비용을 줄이고 불만을 줄이는 제도주의 민주주의가 될 수 있는 것이다.

갇힌 곳에서 결과만 아는 실무공무원들이 현장의 목소리를 듣기보다는 무능한 관료들의 입만 쳐다보고 국민을 섬긴다는 것이 저급한 친절을 팔고 돈만 주면 무조건 왕이라는, 제도를 모르는 행정으로 이 땅을 망쳐 먹는 것이다.

　민주주의는 제도가 주인을 만들고 제도는 과정에서 나오고 과정에서 서로의 인정함이 다수의 제도가 되고 다수의 주인이 비용을 만드는 것이다.

　이것은 과정에 사는 노동이 자발성을 가질 수 있어야 하는 것이고 현장에서 살아있는 실무 그대로의 전문성이 사회성으로 바꿀 수 있는 사회구조를 만들어야 하는 것이다.

　이것은 철이 지난 이론적인 지식의 관료주의를 청산해야만 가능한 일이다.

　행정 고위직·사법 고위직·고위관료 출신들이 입법기관으로 들어가는 정치구조를 바꾸지 않고는 해결할 수가 없는 것이다.

　지금 우리 사회는 각 분야에서 다양한 전문성을 가진 사람들이 다양한 목소리를 제도에 담아낼 수 있는 정치구조가 아니라서 다수의 다양한 제도를 만들 수 없는 구조가 되어 있는 것이다.

08. 세상은 일상의 행에 있다

　일상의 행동 속에 세상이 있고
　일상의 언어 속에 세상이 있고
　세상은 높은 곳도 없고 세상은 낮은 곳도 없다.
　일상의 행동 속에 너와 나 부대끼면 세상이고
　일상의 삶 속에 우리가 부딪히는 그곳이 세상이다.
　높이 보지마라 세상은 다른 것도 없고

멀리 보지마라 세상은 다를 것도 없다.
우리가 힘든 것은 높은 곳을 보고 다르다는 생각이고
서로가 고달픈 것은 먼 곳을 보고 다르게 하려는 행동이다.
세상은 누구나 같은 것이고 세상은 어디나 같은 것인데
나만 더에 눈이 멀어 달라지고 싶고 너보다 더에 귀가 멀어 달리
가는 것이다.
내가 더 갖겠다고 생각하면 힘을 믿고
내가 더 가져야 한다고 생각하면 돈을 믿고
힘을 믿으면 내 안의 악마가 춤을 추고
돈을 믿으면 내 안의 괴물이 노래하는 것이다.
세상은 언제나 내 안에 있는 것이다.
내가 왕이 되어 내려 보면 종이 있어 포만감에 천당이 되고
내가 종이 되어 올려 보면 왕이 있어 비굴함에 지옥이 되는 것
이다.
왕이 없는 나라가 종이 없어 좋은 나라이고
주인 사는 나라가 사람 있어 좋은 나라이다.

09. 경쟁력에 함몰된 나라

누구나 하는 말 경쟁력이 있어야지
어디서나 하는 말 경쟁력을 갖추어야지
언제나 하는 말 경쟁에서 이겨야 살아남는다.
경쟁력이라는 말이 이 땅을 지배하고 있고

경쟁을 해야 산다는 의식이 이 땅을 지배하고

경쟁을 해서 이겨야 잘 살 수가 있다는 생각이 이 땅을 지배하고 있는 것이다.

경쟁력이라는 말은 자본주의 경제논리이고 자본주의 경쟁력은 갇혀진 패권주의 지식이 양산하는 힘인 것이다.

국가는 모름지기 국민의 모든 생활에 수요 공급이라는 균형을 맞추어야 낭비되는 비용을 줄이고, 제도적 균형으로 모든 국민에게 규형된 가치를 만들어야 함에도 경쟁을 하면 다 되는 것처럼 지금까지 경쟁력만 외쳐왔고 그 결과는 거대 재벌 정책으로 국민을 서열화한 힘으로 지배하고 있고 부당함이 있어도 경쟁력이라는 한마디면 정당성을 주었고 그 결과로 오늘의 피폐함이 만들어진 것이다.

균형의 제도가 아닌 힘의 정당성을 인정하고 재벌 위주의 정책으로 거품경제만 양산했고 IMF라는 큰 교훈을 얻고도 그 무엇도 바뀐 것이 없는 것이다.

국민을 경쟁의 도구로 만들고 합리적인 논리 없이 오직 경쟁을 부추겨왔고 누구나 경쟁해야 살 수 있다는 생각을 하게 만든 것이다.

국민 개인이 생산과 소비는 한정되어 있는 것임에도 경쟁을 하면 더 많은 새로운 가치가 있는 것처럼 호도해왔고 지금도 경쟁만 하면 다 될 것으로 모든 사람들이 믿는 경쟁력의 노예가 되어버린 것이다.

모두가 경쟁에 이기기 위해서 저급한 친절을 팔아야 하고 부당함이 있어도 합리적인 논리로 따지는 방법을 잊어버린 것이고 이것이 이 나라 전체가 썩어버린 원인인 것이다.

누구나 말하는 고객은 왕인데 무조건 저급한 읍소만이 서비스가 되고 경쟁력의 원천이라고 생각하기 때문에 실질적인 능력을 갖추기보다는 저급한 친절을 팔아야 살아남을 수 있다고 생각을 하는 것이다.

국민 각자가 자기분야의 전문성을 가지기 위해 고민하고 노력하기보다는 서비스의 종이 되어 왕을 모시는 저급한 자세가 경쟁력이 되는 것으로 모두가 착각을 하고 사는 것이다.

국가는 국민의 실질적인 삶에서 제도를 만들고 제도적 공정함으로 국민 각자의 능력을 개발하는 전문성을 만들어 주는 과정이 되어야 하는 것이다.

경쟁력이라는 화려한 수사로 겉포장의 불균형을 만들 것이 아니라 국민의 자발적 주인의식을 만들어 과정의 절차를 만들어가는 것이 국가의 기본의무가 되는 것이다.

국가의 기본원칙은 수요공급의 균형을 만드는 것이고

행정은 제도적인 균형을 만들어 누구나 자기 능력만큼 자발성을 만들 수가 있게 하는 것이 국가가 해야 하는 일인 것이다.

국가가 '행정이 경쟁력'이라는 힘의 논리를 만들어 가진 자가 빼앗아도 경쟁력이 되고 힘이 있는 자가 약자를 짓밟아도 정당성을 주는, 그래서 누구나 합리적인 논리보다는 힘을 가져야 한다는 동물적 본성의 경쟁력에 길들여진 노예가 되어 죽어가는 피폐한 현실이 오늘인 것이다.

과연 이곳이 나라라면 경쟁에서 이기는 자는 누가 되고 경쟁에서 지는 자는 누가 되는 것인가?

이긴 자도 국민이고 진 자도 국민인 것이다.

그래서 나라를 경영하는 지도자가 나라를 관리하는 지도층에 있는 사람은 경쟁을 말할 것이 아니라 균형을 말하고 균형을 만드는 제도를 만들어 국가를 관리하고 운영을 해야 하는 것이 국가기관이 해야 할 정책의 목표가 되고 행정기관이 해야 할 목적이 되어야 하는 것이다.

실질적 국민의 삶을 알 수가 없는 기득권을 누리는 자가 지도자가 되고 지도층이 되어 입법·사법·행정 등 요소에 갇혀서 국민의 삶의 과정이 끝난, 죽은 결과를 가지고 경쟁력이라는 힘을 만들어 가는 사회구조는 소수 기득권자만의 나라가 되는 것이다.

국민의 삶의 기초가 되는 5대 공공재는 수요 공급이라는 기본 원칙으로 균형의 소요를 만들어내고 제도적이고 균형적인 행정으로 세금의 낭비를 없애는 것이 국가의 할 일인 것이다.

국민의 생명권인 물은 썩었고 잠은 가진 자의 투기의 대상이 되었고 발은 개인주의 나홀로이고 글은 가두어 놓고 서열의 힘을 가르치고 병은 노인을 묶어놓고 아니면 껍질을 포장하는 성형을 하는, 수요공급이라는 기본적 원칙도 없이 경쟁력이라는 경쟁으로 세금은 하늘을 날고 있는 것이고 경쟁력이라는 하나의 매몰된 논리로 늘어나는 것은 오직 껍질치장으로 정작 국가로서 지켜야 할 균형적인 가치를 모두 팔아버린 것이다.

물은 썩어서 먹을 수가 없고 잠은 누구나 부채(負債)더미 위에 올라 있고 발은 돈이 없어도 할부차로 혼자 타고 있고 병은 등골 빠지게 일해서 더 갖다 줘야 하고 교육은 청소년을 묶어놓고 경쟁을 시키면서 자발적 능력을 죽이는 종을 가르치고 있는 것이다.

물은 양놈 숭늉이 되었고 잠은 선잠을 자야하고 밥은 밀이 되었고 글은 영어 수학이 되었고 병은 노인들 묶어놓고 빨아먹으니 아무리 열심히 일을 해도 삶이 나아질 수 없는 구조가 되었고 그래서 국민은 일을 더 많이 해야 하는 일의 노예가 되어 돌아볼 수가 없는 경쟁력의 도구가 되어버린 것이다.

바로 누구나 믿는 경쟁력의 힘에 노예가 되어버린 것이고 패권주의 권력과 패권주의 자본이 만들어내는 경쟁력이라는 힘에 묶여 끌려가는 주인이 없는 나라가 된 것이고 경쟁력에 함몰되어 썩어도 지킬 수 없는 나라가 되어버린 것이다.

10. 누구나 같은 기본권 공공재

물은 썩어 가는데 살릴 놈은 없고 파는 놈뿐이고
집은 늘어 가는데 선잠에 길 떠도는 놈이 천지고
밭은 늘어나는데 조급해서 죽는 놈이 천지고
글은 배워 아는데 주인 아닌 종인 놈이 천지고
병은 깊어 가는데 복지에 칼 든 놈만 천지다.
누구나 같아야 할 기본권 누구도 같아야 할 공공재
권력에 갇힌 자가 팔아먹고 자본에 죽은 자가 팔아먹고
살은 물은 찾을 수도 없고 깊은 잠은 잘 수도 없고
가는 밭에 너는 볼 수 없고 배운 글은 자기도 알 수 없고
아픈 병은 과잉에 포장 치장이 되어버렸다.
나눌 수 없는 물은 버릴 수 없는 잠은
쪼갤 수 없는 밭은 모두가 나눌 글은
아파도 버릴 수 없는 병은 누구나 같은 기본권이고 언제나 같은
공공재인데
자본주의 홍단풍의 껍질에다 팔아먹고 '경쟁하면 다 있다'의 '노력하면 더 있다'에 풍선 불고 노래하고 춤을 추다 다 빨려도 왜 내가 사는 것이 힘이 드는 것인지

왜 내가 하는 것이 고달픈 것인지

잃어도 생각이 없고 빼앗겨도 고민이 없고

껍데기 홍단풍의 흥에 취해서 노래를 하고

포장지 청단풍의 꿀에 취해서 박수를 치니

우리가 힘든 것은 창 값이고 모두가 힘든 것은 춤 값이다.

11. 왕 자리 팔아먹는 행정

고객은 왕이다 무조건 친절해라.

돈만 주면 살 수가 있는 왕 자리에 종이 무는 것은 왕의 품위유지비다.

시간은 돈이고 시간은 제도이고 제도는 비용이 되는데

왕이 되니 손이 없고 왕이 되니 발이 없고

왕이 되니 법이 없고 왕의 손이 된 종 왕의 발이 된 졸 왕의 힘이 된 돈. 돈이 법이 된 나라에서 손은 누가 해주니 불편하고 발은 누가 해주니 불만이고 말은 누가 해주니 불평이고 삿대질은 하늘을 찌르고 악다구니는 바다를 덮고 있는 것은 왕만 사는 나라의 품위유지비다.

왕은 둘이 없어 누가 없고 종은 누가 없어 자존심이 없고 왕의 품위 유지비는 종이 무는 것이다.

왕만 사는 나라에서 종만 있는 나라에서 누가 해주는 시간 비용은, 누가 무는 제도 비용은 주인 없는 세금으로 물고 있는 것이다.

친절도 공짜가 없는 것이고 섬김도 공짜가 없는 품위유지비가 있는데 죽은 돈이 왕질 하는 자본패권주의. 누구나 부르는 노래 불친절 어디나 들리는 소리 무조건 친절해라. 논리적인 까칠함이 막고 합리적인 소금은 죽이고 서푼에 영혼 팔고 몇 푼에 자존심을 팔면 육신의 고달픔은 잊고 살 수가 있는 곳이다.

어디서나 서비스 평가는 결과평가이고 언제나 쥐뿔도 모르는 인간들이 과정이 지난 죽은 껍질의 결과에다 상대를 비교평가를 하고 과정에서 느낌으로 사는 사람을 갇혀서 죽은 인간들이 농락하기는 식은 죽 먹기가 될 수밖에 없는 것이고 열심히 일할 필요도 없고 그저 간사하게 헛웃음이나 팔면서 알아도 모른 척 몰라도 아는 척 잘 비비고 기회주의 간사함으로 밥은 먹고 살 수가 있다.

왕에게 아니라고 따지면 역적이 되고 왕에게 대들면 목구멍이 포도청 신세가 되는데 따질 놈도 없고 대들 놈도 없으니 이 땅은 안 곪은 곳이 없고 안 썩은 곳이 없는 것이다.

12. 세상을 바꾸려면 딴 생각을 하라

딴 세상을 바란다면 딴 생각을 하고
다른 세상을 바란다면 다른 생각을 하라.
보이는 화려함은 언제나 결과이고
들리는 달콤함은 어디서나 결과이다.
결과는 원인 지난 철이 지난 것이라 바꿀 수가 없고
결과는 과정 끝난 죽은 것이라 바꿀 수가 없다.
딴 생각을 한다는 것은 과정의 바탕을 보는 것이고

딴 기억을 한다는 것은 과정의 본질을 아는 것이다.

과정의 바탕을 보려 하면 내가 중심이 되고

과정을 본질을 알려 하면 내가 주인이 되고

나만 더의 힘에 끌려가지 않는다면

너보다 더의 돈에 잡혀가지 않는다면

내가 흔들리지 않는 이 땅의 바탕의 본질이 되면 세상을 바꾸는 주인이 될 것이다.

찬란한 보석의 바탕은 갈고 닦는 처절함에 있고

아름다움 꽃의 바탕은 눈보라의 시련이 바탕이고

반짝이는 별의 바탕은 어둠의 굴절 뒤에 바탕이 있는 것이다.

언제나 보이는 것은 결과이고

어디서나 보이는 것은 결과이고

누구나 보는 것은 결과이다.

결과는 바탕의 본질이 아니라서 바꿀 수가 없는 것이고

결과는 죽은 것이라서 바꿀 수가 없는 것이다.

딴 세상을 바란다면 딴 생각을 하고 딴 생각을 하는 것은 과정이 바탕을 보는 것이다.

13. 사대주의 힘을 믿는 미친 놈들

누구나 힘을 믿으면 따라가고 싶은 것이고

언제나 돈을 믿으면 따로 보고 싶은 것이고

어디나 더를 믿으면 잡아보고 싶은 것이다.

힘은 화려해서 돌아볼 수가 없고

돈은 달콤해서 다시 볼 수가 없고

더는 짜릿해서 잡으려니 끌려가는 것이다.

인간들아 세상은 공짜가 없는 곳이고

인간들아 세상에 비용이 아닌 것은 없다.

화려한 힘은 보고 싶은 것만 보니 눈이 없어 네가 없는 것이고

달콤한 돈은 듣고 싶은 것만 아니 귀가 없어 누가 없는 것이고

짜릿한 더는 잡고 싶은 것만 하니 혼이 없어 내가 없는 것이다.

힘만 믿고 따라가면 종이 되어 잃는 것이고

돈만 믿고 묶여 가면 졸이 되어 잃는 것이고

더만 믿고 잡혀가면 노예 되어 잃는 것이다.

힘만 믿어 돌아볼 수 없으니 보아도 장님이 되었고

돈만 믿어 다시 볼 수 없으니 들어도 귀머거리가 되었고

더만 믿어 찾아볼 수 없으니 잡아도 감각이 없는 것이다.

힘에 갇힌 인간들은 볼 수가 없어 국민들의 처절한 삿대질이 보이지 않고 돈에 갇힌 인간들은 들을 수가 없어 사람들의 악다구니 비명이 들리지 않고 더에 갇힌 인간들은 잡을 수가 없어 주인들이 죽어가도 잡히지 않는 것이다.

이 땅에 갇힌 인간들은 미친(미국이 친한) 인간들이고

이 땅에 권력에 갇힌 인간들은 미친(미국이 친한) 인간들이다.

나라 팔지 마라 사대주의 인간들아!

애국 팔지 마라 패권주의 인간들아!

국민 팔지 마라 결과주의 인간들아!

갇혀서 다 팔아서 죽어서 껍데기 포장만 남은 것이 이 땅의 현실이다.

14. 수치를 잃은 인간들

인간이 인간인 것은 수치를 아는 것이고
사람이 사람인 것은 염치를 아는 것이고
주인이 주인인 것은 이치를 아는 것이다.
이 땅에 권력에 갇힌 인간들은 수치를 잃은 지 오래고
이 땅에 책상에 갇힌 인간들은 염치를 잃은 지 오래고
이 땅에 먹물에 갇힌 인간들은 이치를 잃은 지 오래다.
머리에 힘을 주니 객기에 보이는 것이 없고
모가지 힘을 주니 호기에 들리는 것이 없고
손아귀 힘을 주니 결기에 잡히는 것이 없어
인간이 가져야 할 양심도 없고
사람이 지녀야 할 진심도 없고
주인이 지켜야 할 중심도 없고
완장 껍질에 묶여있는 짐승이 되었고
포장 껍질에 갇혀있는 속물이 되었고
치장 껍질에 잡혀있는 동물들만 보인다.
완장의 껍질에 힘만 믿는 미(미국 친한) 친 인간들은
포장의 껍질에 돈만 믿는 미(미국 친한) 친 인간들은
치장의 껍질에 떼만 믿는 미(미국 친한) 친 인간들은
권력에 갇혀서 자기가 누군지도 모르고
책상에 갇혀서 여기가 어딘지도 모르고
먹물에 갇혀서 언제나 할 일도 모르니
삿대질만 풍년이고 비명 소리만 춤을 춘다.

인간들아 정신 차려라.

인간이 되는 것은 수치를 아는 것이고

사람들아 정신 차려라.

사람이 되는 것은 염치를 아는 것이고

주인들아 정신 차려라.

주인이 되는 것은 이치를 아는 것이다.

갇혀서 과정 끝난 죽은 결과 들고 잘 안다고 말해도 생명이 없는 죽은 껍데기고 갇혀서 철이 지난 죽은 논리를 들고

배웠다고 말해도 감각이 없는 죽은 종이쪼가리고 갇혀서 감각 없는 죽은 포장을 들고 더 있다고 말해도 생명 없는 치장이다.

15. 정체성이 없는 나라

아가씨의 손에는 양놈 숭늉

머슴아의 손에는 양놈 밥 햄버그에

밀로 만든 케이크 한 조각이 우리 쌀 한 말 값이고

새로 다는 간판들은 우리 글이 보이지 않고

배꼽 떨어진 새끼들은 가다 놓고 혓바닥에 성조기 달고

우리 것이 없고 남은 것이 없고 지켜낸 것이 없다.

먹을 것이 없는데 일할 것이 어디에 있고

힘 쓸 것이 없는데 알 될 것이 어디에 있나.

세상은 자기 한 만큼 받는 곳이고

자기 한 대로 얻는 곳이다.

자기 것도 모르고 지킬 것도 모르고
버릴 것도 모르고 누릴 것도 모르는데
일할 것이 어디에 있냐.
역사는 뿌리는 흔적없이 사라지고
노동의 줄기는 계급으로 갈라놓고
경쟁하라 노래하는 자본주의 꽃은
더 있다고 노래하는 민영화의 꽃은
뿌리가 없는 화초이고 줄기 없는 화초이다.

보이는 것 화려해도 생명 밟은 포장이고
들리는 것 달콤해도 과정 없는 결과이다.
이 땅에 우리 것이 없고 살아있는 것도 없는데
살아갈 길이 있겠느냐.
보는 것만 보지 말고 생각하고 돌아보고
듣는 것만 듣지 말고 기억하고 다시 봐라.
지금 내 손에 잡고 있는 것이 무엇이 있는지
여기 내 머리에 가지고 있는 것이 무슨 생각을 하는지
이 땅에 산다면 이 땅의 뿌리를 알아야 하는 것이고
이 나라에 살려 하면 무엇으로 살아갈 것인지를 생각해야 하는
것이다.
지켜내어야 할 우리 것이 무엇인지
가지고 살아야 할 것이 무엇인지는 알아야 밥이 되고 일이 되고
힘이, 알이 될 것이 아닌가?
이 땅의 뿌리도 줄기도 다 잃고 기억하는 인간조차도 없는데
주인이 없는 여기가 무슨 미래가 있는 나라가 되는가 말이다.

5
...

사대주의 갇힌 지식은
똥이다

01. 힘의 발현의 시작

힘이 발현되는 곳은 서열이다.

돈이 발현되는 시작은 포장이다.

힘은 갇힌 곳의 지식의 계급에서 발현하고

돈은 죽은 곳의 결과의 포장에서 발현한다.

지식은 과정이 끝난 갇힌 곳의 결과에서 나오고

자본은 과정이 끝난 죽은 곳의 포장에서 나오는 것이다.

갇힌 지식은 서열이 있어 화려한 힘이 되고

죽은 자본은 포장이 있어 달콤한 돈이 되는 것이다.

갇힌 지식의 화려한 힘은 무엇이나 가두려하고

죽은 자본의 달콤한 돈은 무엇이나 가두려하는 것이다.

과정이 끝난 결과는 언제나 화려한 꽃이 되어도

과정이 끝난 결과는 언제나 달콤한 열매가 되어도

언제나 결과에 있는 지식은 원인을 돌아볼 수 없고

언제나 결과만 아는 자본은 과정을 돌아볼 수 없어

이 땅의 중심의 본질적 바탕이 될 수 없고

이 나라의 제도적 바탕이 될 수 없는 것이다.

결과에 갇힌 지식은 기능적인 모든 요소를 교육 속에 가두고 서열의 힘을 가르치고 결과에 죽은 자본은 제도적인 모든 요소를 포장 속에 가두고 경쟁의 돈을 가르치고 힘을 믿는 지식은 무엇이나 가두려하니 어디서나 지식은 포장하는 자본의 확장성의 모태가 되어 모든 것을 가두고 있는 것이다.

화려한 서열의 힘으로 상대가치를 만들고 멈출 수 없는 탐욕을 부추기고 달콤한 껍질의 돈으로 비교가치를 만들고 멈출 수 없는 욕망을 부추기고 인간을 화려한 힘에 눈을 잃게 하여 끌고 가고 인간을 달콤한 돈에 귀를 잃게 하여 잡아 가두어버린 것이다.

화려한 힘이 개인주의 왕을 만들고

달콤한 돈이 껍질주의 종을 만들고

인간의 내면의 본심(제도)을 버리고

인간의 내면의 가치(양심)를 버리고

죽은 돈에 간사함을 팔아야 살 수 있는 인간을 만들어버린 것이다.

결과주의 지식사회 누구나 믿는 힘의 정당성에 인간들은 괴물이 되어버렸고 자본주의 누구나 껍질만 믿는 돈의 경쟁력에 인간들은 서로를 갉아먹는 아귀가 되어버린 것이다.

갇혀진 화려한 지식이 꽃이 되어 누구나 따라가게 하고 경쟁적 달콤한 자본이 빛이 되어 어디서나 따로 보게 하여 자연과 생명을 따로 보고 너와 나를 따로 보게 하여 누구나 경쟁력의 힘만 믿고 서로를 갉아먹는 아귀 지옥으로 만들어버린 것이다.

결과는 힘의 파괴적 화려함으로 더 큰 재앙으로 돌아왔고 결과는 돈의 경쟁적 파괴행위가 되어 생명의 바탕을 앗아가고 있는 것이다.

생명이 살고 인간이 살기 위해서는 누구나 중심에 있는 제도가 되어야 하고 더불어 공존을 하기 위해서는 누구나 과정의 경계가 있는 힘이 없는 사회, 돈이 없는 사회, 더가 없는 보편적 사회가 되어야 하는 것이다.

인간의 내면의 가치가 제도가 되고 사회의 공동의 과정이 제도가 되어 누구나 같은 균형적인 보편성의 공리주의가 되어야 하는 것이다.

02. 세상은 단순한 곳이다

갇힌 놈은 가두고 죽은 놈은 죽인다.
갇힌 놈은 힘을 믿고 가두고
죽은 놈은 돈을 믿고 죽이고
왕이 되어 죽이고 종이 되어 죽어간다.
결과만 보는 갇힌 놈은 과정을 몰라 가두고
결과만 아는 죽은 놈은 과정이 끝나 죽이고
갇힌 놈은 화려한 갇힌 논리로 가두고
죽은 놈은 달콤한 죽은 포장으로 죽인다.
세상은 단순한 것이고 세상은 공짜가 없는 곳인데
갇힌 놈의 화려한 수사를 따라가니 갇히는 것이고
죽은 놈의 달콤한 수치를 따로 보니 죽는 것이다.
갇힌 놈의 화려한 수사는 눈이 부셔 생각을 잊고
죽은 놈의 달콤한 수치는 귀가 멀어 기억을 잃고
열린 놈은 수사의 화려함을 따라가서 잃고
살은 놈은 수치의 달콤함에 혼이 멀어 죽어가는 것이다.

03. 최고의 법은 양심이다

최고의 법은 양심이고 누구나 같은 것이 양심이고
언제나 같은 것이 양심이고 어디나 같은 것이 양심이다.

내 안에 있어 나를 지켜주고 네 안에 있어 너를 지켜주고

내 안에 경계가 되어 나를 보호해주고

네 안에 경계가 되어 너를 보호해주고

언제나 깊은 곳의 본질의 바탕이 되어 모두를 지켜주는 것이 양심이다.

그런데 우리는 지식에 갇혀서 화려한 힘에 양심을 팔았고

배움에 갇혀서 수치의 짜릿함에 간사함을 얻어서 양심을 팔았고

자본에 갇혀서 달콤한 경쟁에 양심을 팔았고

포장에 갇혀서 수치의 짜릿함에 양심을 팔았다.

누구나 믿는 힘에 양심은 사라졌고

언제나 믿는 돈에 양심은 멀어졌다.

힘에 갇혀버린 지식은 죽은 껍질의 편이 되어버렸고

돈에 갇혀버린 경쟁은 죽은 완장의 편이 되어버렸다.

법이 없는 나라에 양심이 없는 나라에

제도 없는 나라에 중심이 없는 나라에

생명 없는 깃발만 나부끼고 죽어가는 처절한 비명만 들린다.

양심은 누구나 지킬 수 있는 법인데

중심은 어디나 지킬 수 있는 법인데

힘만 믿는 지식패권주의 화려함에 돈만 믿는 자본패권주의 달콤함에 힘만 믿는 괴물들과 돈만 믿는 아귀들에게 끌려가는 비명만 들린다.

04. 사대주의 갇힌 지식은 똥이다

이론에 갇힌 지식은 똥이다.

결과에서 나오는 지식은 똥이다.

원인이 지난 과정이 지난 결과의 지식은 똥이다.

국민은 원인이고 노동은 과정이고 지식은 결과에서 나오는 정리된 논리의 똥이다.

국민이 일(노동)을 해서 밥을 먹고 싼 똥이 결과의 지식논리가 되는 것이고 원인의 국민이 과정의 노동으로 밥을 먹은 결과가 정리된 똥이 되어 지식이 되는 것이다.

원인이 없는 결과, 과정 끝난 결과의 논리가 지식이고 갇혀서 결과만 아는 죽은 것이 지식인들이다.

과정이 끝난 결과의 죽은 논리로 화려한 포장을 만들고 쓸모가 없는 똥이 껍질의 완장을 만들고 계급으로 포장하고 이 땅을 지배하고 이 땅을 수탈하고 있는 것이다.

결과, 죽은 논리의 똥이 똥을 만들고 똥이 포장을 만들고 똥이 똥으로 치장을 하고 있는 것이 이 땅의 지식이다.

우리 것도 모르고 지킬 것도 모르고 뿌리가 되는 것도 줄기가 되는 것도 모르고 과정이 없어 느낌도 없는 자들이 사대주의 숭배하며 이 땅의 뿌리를 갉아먹고 있는 것이다.

많이 배웠다고 하고 잘 안다고 하지만 기본적인 자기 뿌리까지 부정하는 미친 놈이 되어 생각 없이 날뛰고 있는 것이고 이런 지식인이 힘만 믿는 이 땅의 똥인 것이다.

갇혀서 원인 지난 과정 지난 결과의 죽은 먹물로 힘만 믿고 화려한 수사적 짜릿한 논리를 만들고 이 땅을 부정하는 죽은 껍데기로 포장만 하고 있는 것이다.

결과의 죽은 논리로 계급을 만들고 계층을 만들고 갈등을 만들고 먹고 사는 이 땅의 지식은 똥인 것이다.

사대주의 힘만 믿고 결과주의 돈만 믿고 껍데기 똥만 만들고 똥에 갇혀서 밥을 먹고 사는 갇힌 지식은 이 땅의 똥이고 결과주의 갇힌 지식은 똥이다.

역사의 뿌리도 과정이 되는, 노동의 줄기도 모두 먹어버리고 똥만 싸는 화려한 지식은 이 땅의 똥이다.

05. 과정이 없는 결과주의

결과주의 사회는, 과정이 없는 사회는 제도가 없는 죽은 사회이다.

과정에 살지 않는 중심을 보지 못하는 사람은 과정의 제도를 만들지 못하는 것이다.

이 땅은 과정 없는 결과주의 사회이고 과정이 필요 없는 경쟁사회이다.

과정의 살아가는 곳에서 너와 내가 경계의 논리를 만들고 과정의 살아있는 곳에서 너와 나의 다수의 논리로 과정이 제도를 만들고 살아있는 그대로 서로의 가치로 공존 만들어야 하는데 원인을 모르는 철 지난 지식이, 과정이 끝이 난 결과의 논리가 법이 되니, 포장지 특별법 제도가 되니 치장의 차별법이다.

과정의 삶을 모르는 갇혀서 죽은 인간들이 팔아먹는 왕 자리에 모두가 종이 되어 품위유지비를 물고 있는 것이다.

돈만 주면 무조건 왕이라고 하고, 서푼 받으면 종이 되는

제도 없는 미친 나라에 법이 없는 힘만 믿는 미친 나라가 되어버린 것이다.

이 나라가 썩은 것은 갇힌 인간들이 팔아먹는 왕 자리의 품위유지비가 되는 것이고

이 나라가 죽는 것도 미친 인간들이 팔아먹은 무조건 서비스에 죽어간 것이다.

갇힌 왕의 종이 되니 주인으로 살 수가 없고 죽은 돈의 종이 되니 인간의 존엄이 짓밟히고 오늘도 죽었다, 죽였다는 왕만 사는 나라에 종만 있는 나라의 왕의 품위유지비가 되는 것이다.

돈만 받으면 따질 수도 없고 종이 되니 대들 수도 없어 이 땅이 썩어도 쳐야할 소금이 없고 죽어도 치료할 약이 없어 죽어가는 것이다.

자본주의 죽은 돈에 인간들은 종이 되고 패권주의 죽은 왕에 주인들은 졸이 되어 이 땅은 죽어가고 있는 것이다.

06. 지식은 능력이 아니다

지식은 능력도 아니고 지식이 만능도 아니고
지식이 능사도 아니고 지식이 만사도 아니다.
지식이 능사인 양 자식을 가두어놓고 가르치고
지식이 만사인 양 서열에 가두어놓고 가르쳐서

감각의 자발성의 능력을 지워버리고 중심의 자주성의 동기도 가두어버리고 더불어 살아갈 공존의 사회에서 경쟁력에 묶어서 모두를 가두어버리고 우리를 모르고 서로를 모르고 모두가 싸워야 할 경쟁이 목적이 되었으니

이 땅은 썩었고 죽어버린 것이다.

젊은 놈은 가두어서 살아갈 감각의 능력을 죽여버렸고

노동자는 더불어 살아낼 공존의 가치도 잃어버렸다.

새끼는 교육이라는 이름으로 가두어서 서열의 힘을 믿는 종만 키워서 힘을 숭배하는 나라가 되었고

모두를 묶어서 수직적 힘의 경쟁만 가르쳐서 돈을 숭배하는 졸로 키워서 돈이 지배하는 나라의 노예로 가르치니

이 땅은 주인 없는 나라가 되었고

이 땅은 사람 없는 나라가 되어버린 것이다.

이 땅을 망치는 것도 교육이고

이 땅을 조지는 것도 교육이다.

뿌리 근본도 없는 교육, 줄기 과정도 없는 교육으로 새끼를 지식에 가두어서 능력 죽이는 것이 이 땅의 미친 교육이다.

07. 우리 것이 없고 남은 것이 없다

선택하지 않는 것은 포기할 권리가 없다.

어미도 포기할 수가 없고

자식도 포기할 수도 없고

나라도 포기할 수가 없고

우리가 보는 것은 언제나 결과이고

누구나 보는 것은 언제나 결과이다.

원인 없는 결과에서 과정 끝난 결과에서

오늘 지금 여기에 앉아서 생각 없이 기억 없이 세상을 향해 삿대
질한다고 세상이 바뀔까?

이 땅의 구조적인 문제는 결과주의 힘의 계급사회이고

이 땅의 본질적 문제는 패권주의 신분사회라는 것이다.

과정이 없고 결과만 있는 법이 없는 죽은 사회인 것이다.

있는 데서 돌아봐라, 하는 데서 다시 봐라,

가는 데서 찾아봐라, 우리 것이 있는지 남은 것이 있는지.

일을 하다가 고개를 들면 여기가 대한민국인지 양키놈 나라인지
분간을 할 수가 없다.

물은 양놈 숭늉에 집은 구분되지 않는 닭장이고

발은 제도 없는 나홀로에 글은 양놈 성조기 영어이고

병은 양놈 기계 들여와서 빨아가고

물은 첫새벽부터 젊은 놈들 양놈 숭늉 들고 다니고

잠은 있는 놈의 경쟁적 투기 거품에 하늘을 치솟고

발은 너를 모르는 나홀로에 막혀 있고

글은 배꼽 떨어지면 가두어서 혓바닥에 성조기 달고

병은 복지에 칼들이고 어매 묶어놓고 빨아가도 양놈만 덕이 되고

물은 썩어서 사다 먹고 있고

잠은 빚더미에 앉아서 선잠 자고

발은 누가 없는 자기 혼자만 있고

글은 가두어놓고 서열의 힘을 가르치고

병은 칼을 대고 껍데기 포장하고

사람은 보이지 않고 주인도 보이지 않고

화려한 포장지에 달콤한 치장지에 살은 생명 보이지 않고

우리 것이 없고 남은 것이 없는데 일이 어디에 있으며 알이 어디에서 나오고 힘을 누구에서 나올까?

우리 것이 없으니 젊은 놈은 백수에 허덕이고

남은 것이 없어도 어미는 천수에 양놈을 숭배하는 미친 나라에 죽은 나라가 된 것이다.

오늘 생각 없이 하고 있는 나의 행이 이 땅의 일이고

지금 기억 없이 하고 있는 나의 짓이 이 땅의 밥이다.

우리 것도 모르고 지킬 것도 모르는 느낌 없이 하고 있는 바로 지금 여기가 일상의 우리가 살아갈 법이 되는 고쳐야 할 문제가 되는 것이다.

08. 자발성은 실무능력에 있다

자기가 하면 느낌에 기억이 되는 것이고

자기가 쓰면 감각에 입력이 되는 것이고

기능은 기술이 되고 기술은 능력이 되는 것인데

누구나 왕만 찾으니 종이 되어 생각이 없고

언제나 힘만 찾으니 졸이 되어 기억이 없고

잘 안다고 말을 해도 갇혀서 배웠으니 느낌이 없고

다 안다고 말을 해도 죽은 것만 배웠으니 감각이 없고

철이 지난 죽은 논리는 다 안다고 객기가 하늘을 찌르고
과정 지난 죽은 결과는 다 된다고 포장만 만들고 있으니
잃어가는 저항 소리는 쉴 새가 없고
죽어가는 삿대질은 놀 새가 없고
갇혀서 배운 지식은 서열에 힘만 믿어 반성이 없고
죽어서 아는 먹물은 패권에 돈만 믿고 눈이 없으니
이 땅이 썩어가도 몰라보고
이 땅이 죽어가도 몰라보는 것이다.
청년은 자발성을 잃은 지 오래고
중년은 자존심을 잃은 지 오래고
노년은 자식새끼 잃은 지 오랜데
국민은 힘을 믿는 종이 되어 스스로 할 수가 없고
노동은 돈을 믿는 졸이 되어 알아서 할 일이 없고
갇혀서 죽은 힘의 갑질은 일상이고 죽어서 갇힌 돈의 왕질이 일상
인데 주인이 없으니 바뀔 일도 없고 노동이 없으니 고칠 일도 없고
느낌 없는 나라에 죽어버린 나라에 썩은내만 진동을 하는 것이다.

09. 결과주의 지식은 껍데기다

지식은 결과에 있어 죽은 논리고
지식은 과정을 지난 죽은 논리다.
갇혀진 논리는 언제나 치장을 하고
죽어진 논리는 어디서나 포장을 하는 것이다.

나라의 국민은 원인이 되고 원인인 국민이 집을 나서면

'너와 나'의 과정의 삶은 노동이 되는 것이고 국민이 원인으로서 노동의 과정에서 일을 하고 밥을 먹은 결과가 지식논리다.

세상은 언제나 삼위일체가 되는 것이고

세상은 어디나 삼위일체가 있는 것이고

세상은 누구나 삼위일체에 존재하는 것이다.

시작의 원인과 중심의 과정과 끝의 결과가 있는 것이다.

국민이 원인이면 노동은 과정이고 지식은 결과이고

내가 원인이면 '너와 나' 만남은 과정이고 '너와 나' 서로의 과정의 주장은 결과의 논리에 지식이 되는 것이다.

원인의 국민이 과정의 노동을 해서 국민이 밥을 먹고 똥을 싸고 정리하면 지식의 이론논리가 되는 것이다.

지식의 화려한 논리는 과정이 끝난 죽은 논리고

지식의 달콤한 논리는 철이 지난 죽은 포장이다.

세상은 어디서나 갇힌 것은 치장을 하는 것이고

세상은 어디서나 죽은 것은 포장을 하는 것이다.

화려한 지식논리는 느낌 없는 치장이고

달콤한 이론논리는 감각 없는 포장이고

지금 우리가 살고 있는 화려함은 치장이고

지금 우리가 물고 있는 달콤함은 포장이다.

세상은 절대 공짜가 없는 곳이고

세상은 절대 따로가 없는 곳이다.

보이는 화려함은 생명 없는 껍질이고 들리는 달콤함은 생명 죽이는 포장이고 오늘도 들리는 죽었다는 저 소리는 갇힌 지식 결과주의에 죽어가는 소리이고 지금도 들리는 죽였다는 저 소리는 죽은 돈의 포장자본에 죽어가는 소리다.

10. 탐욕을 만드는 상대가치

규칙화되어 버린 최고의 가치에

고정화되어 버린 최대의 가치에

개념화되어 변할 수 없는 죽은 노래에

인간이 멈출 수 없는 탐욕을 만들고

사람이 돌아볼 수 없는 욕망을 만들고

주인을 돌아볼 수 없는 경쟁력에 묶어서

화려함에 눈을 잃고 달콤함에 귀를 잃고

짜릿함에 혼을 잃은 시체들을 만들어서 끌고 가서 흔들리면 빼앗아서 승자독식 하는 것이 자본주의다.

자본주의는 산 것은 포장해서 죽이고 죽은 것은 치장해서 살리고 더 있다고 말하고 다 있다고 말하고 멈출 수 없는 상대가치에 인간을 묶어서 돌아보는 상대비교에 사람을 묶어서 볼 수 없는 탐욕에 길들이고 갈 수밖에 없는 욕심에 길들여서 경쟁력에 풍선불고 '더 있다'에 거품을 넣고 승자독식주의에 길들린 인간은 자본주의 화려한 포장에 눈을 잃어 나는 아닌 것처럼 따로 보고 너는 이겨야 할 존재로만 보여주고 경쟁에서 이겨야 살아남을 수가 있다는 확신에 빠져서 나 없는 내가 되어 끌려가고 너 없는 내가 되어 끌려가니

힘만 믿는 짐승이 되고 돈만 믿는 괴물이 되어 돌아볼 수가 없는 아귀다툼에 죽은 돈이 왕질하고 갇힌 힘이 갑질하고 인간은 종이 되어 끌려가고 살아있는 생명은 죽은 돈의 포장에 죽어가는 것이다.

자본주의 문명 이기의 화려함은 살은 생명을 먹은 것이고

결과주의 편리성 이기의 달콤함은 인간을 탐욕에 묶어서 죽여가

고 있는 것이다.

　세상의 이치는 힘은 더 큰 힘에 죽는 것이고

　세상의 이치는 돈은 더 큰 돈에 죽는 것이다.

　언제나 더 큰 힘의 더 큰 돈의 저항이 더 큰 힘으로 다가오고 있고 그것이 환경이라는 더 큰 재앙을 품고 다가오고 있는 것이다.

　그래서 세상은 절대 더가 없는 것이고 세상은 공짜가 없는 곳이라서 우리가 지금 물고 있는 것은 자본주의 죽은 더에 팔고 있는 결과주의 껍질포장 값이다.

11. 포장에 미친 나라

　있는 데서 있는 자가 다 아는 사람이고

　하는 데서 하는 자가 잘 아는 사람이고

　가는 데서 가는 자가 더 아는 사람인데.

　철이 없는 갇힌 결과에 먹물 먹고 과정 끝난 죽은 결과의 포장 들고 잘 안다고 큰소리치니 갇힌 포장이고 전문가라 노래하니 느낌 없는 죽은 논리이고 결과의 죽은 껍데기에 포장하면서 큰소리쳐도 있는 데서 알면서도 나서는 사람이 없고 하는 데서 틀렸다고 따지는 사람이 없고 가는 데서 고치자 해도 도와줄 사람이 없다.

　세상을 변해야 된다고 삿대질하면서도

　세상을 바꿔야 된다고 아우성치면서도

　있는 데서 주인이 되어 나서지 않는데

　하는 데서 과정이 되어 따지지 않는데

가는 데서 제도가 되어 대들지 않는데

세상이 변할 것이며 세상이 바뀔 것이냐.

내가 있는 데서 주인이 아니면 바뀌어 봐야 순간인 것이고

내가 하는 데서 주인이 아니면 바뀌어 봐야 잠시뿐인 것이고

내가 가는 데서 주인이 아니면 바뀌어 봐야 그때뿐인 것이다.

결과에 갇힌 자의 치장의 노래는 언제나 화려하고

과정이 없는 자의 포장의 노래는 어디나 달콤하고

먹물에 죽은 자의 과장의 노래는 누구나 짜릿한 풍선이다.

있는 데서 돌아봐라, 갇힌 자의 화려한 치장질을.

하는 데서 다시 봐라, 죽은 자의 달콤한 '더 있다'를.

가는 데서 찾아봐라, 있는 자의 짜릿한 경쟁력의 노래를.

그것은 있는 곳에 따지는 사람이 없는 것이고

그것은 하는 것에 대드는 노동이 없는 것이고

그것은 가는 곳에 나서는 주인이 없는 것이다.

이 땅이 썩는 것은 갇힌 자의 치장을 따질 주인이 없다는 것이고

이 땅이 죽는 것은 죽은 자의 포장을 대들 사람이 없다는 것이다.

삿대질을 할 시간이면 있는 데서 돌아보고

아우성을 칠 시간이면 하는 데서 다시 보고

내가 할 일이 무엇인지 생각을 해보고

스스로 주인 되어 아니면 따지고 모르면 가르치고 그것이 민주주
의 주인으로서 할 일이다.

12. 보이는 것은 결과이다

보이는 것은 그 무엇은 과정이 끝난 결과이고
들리는 것은 그 어디의 과정이 끝난 결과이고
잡히는 것은 그 누구의 행동이 끝난 결과이다.
보이는 것은 과정이 끝난 결과라서 죽은 것이고
죽은 것은 바꿀 수도 없고 죽은 것은 고칠 수도 없는 것이다.
이 땅은 결과주의고 결과주의는 힘을 믿는 패권주의다.
결과주의는 아무리 화려해도 죽은 포장이고
죽은 포장 껍질주의는 달콤해도 썩을 뿐이다.
과정의 중심이 있는, 사회는
과정의 제도가 있는 나라는
살아있어 포장할 수 없으니 까칠하고
열려있어 치장할 수 없으니 투박한 것이다.
무엇이든 열려있는 곳에 포장할 수가 없고
누구든지 살아있는 것은 치장할 수가 없어
까칠함이 있고 투박함이 있어야 하는 것이다.
까칠함이 없는 사회는 갇힌 치장사회고
투박함이 없는 사회는 죽은 포장사회다.
화려한 포장이 없어야 비용이 없고 달콤한 치장이 없어야 썩음이
없는 생명이 있는 것이다.
화려함이 없는 까칠함이 제도가 되는 사회
달콤함이 없는 투박함이 중심이 되는 사회
그곳이 비용 없는 민주주의 포장 없는 주인 사는 사회이다.

13. 지식은 주인을 만들 수 없다

패권주의 자본은 절대 주인을 만들 수가 없는 것이다.

결과주의 지식사회는 주인을 절대 만들 수가 없는 것이다.

결과주의 죽은 돈은 죽은 포장만 만들고

결과주의 죽은 힘은 갇힌 치장만 만들고

원인을 몰라서 주인을 만들 수가 없고 과정에 없어서 주인을 만들 수가 없는 것이다.

갇혀 있어 살아가는 자연을 볼 수 없고

죽어 있어 그대로의 느낌을 알 수 없고

원인지나 과정 끝난 결과의 죽은 논리는 감각 없는 치장에 느낌 없는 포장만 할 수 있는 것이다.

이 땅은 갇힌 치장에 까칠함의 느낌을 먹을 수가 없고

이 땅은 죽은 포장에 따끔함의 아픔도 먹을 수가 없어

포장에 갇혔으니 썩을 뿐이고 썩었으니 죽을 뿐이다.

배웠다고 말해도 갇혔으니 죽은 것이고

다 안다고 말해도 갇혔으니 죽은 것이다.

느낌 없는 치장에 감각 없는 포장은 오늘 지금 여기에 산 것을 모르니 죽은 것이고 감각 있는 살아있는 과정을 모르니 살아있는 제도를 모르고 과정 끝난 결과의 죽은 것에 포장만 하니 힘이고 계급의 힘만 믿으니 썩어가는 것이고 갇힌 놈과 죽은 놈은 언제나 한편이 되어 지킬 주인을 만들지 않는 것이다.

14. 내가 아는 것은 다 껍질이다

안다고 하지 마라, 과정지난 결과이고
있다고 하지 마라, 스쳐가는 무엇이고
좋다고 하지 마라, 누군가의 잃음이고
많다고 하지 마라, 누가 보는 껍질이고
원망도 하지 마라, 내가 힘든 배움이고
절망도 하지 마라, 내가 나설 출발이다.
세상은 지나가는 것이고 세월은 스쳐가는 것이다.
안다고 힘을 주면 누가 보이지 않고
있다고 힘을 주면 내가 보이지 않고
좋다고 춤을 추면 잃은 누를 볼 수 없고
많다고 노래해도 넘쳐지면 잃는 것이고
원망의 삿대질할 때 지나온 길 돌아보고
절망의 아우성칠 때 너를 아는 과정이다.
세상은 더가 없고 세상은 공짜가 없는 곳이다.
스쳐가는 세상에 지나가는 세월에
쉬지 않는 세상에 놀지 않는 세월에
안다고 움켜지니 잡혀서 끌려가고
있다고 움켜지니 묶여서 잡혀가고
좋다고 춤을 추니 잃은 누를 볼 수 없고
많다고 힘을 주니 지나가도 알 수 없어
누군가의 원망 소리는 내가 없는 따로 보고 어디에나 절망해도
내가 아닌 따로이니 이 땅은 생명을 잃어가고 이 땅은 소리 없이

죽어간다.
　있는 데서 돌아보고 하는 데서 낮춰봐라.
　저항하는 생명들의 그 모습이 내 모습이고
　죽어가는 목숨들의 처절함이 이 나라의 모습이다.

15. 이 땅에 사라져야 할 단어

　특별·친절·봉사, 이 세 단어는 사라져야 한다.
　특별이 보이지 않아야 나라인 것이고
　친절이 보이지 않아야 나라인 것이고
　봉사가 보이지 않아야 나라인 것이다.
　특별에 잃은 자를 볼 수가 있다면
　친절에 잃은 자를 볼 수가 있다면
　봉사에 잃은 자를 볼 수가 있다면
　그곳은 법이 있는 나라가 되는 것이고
　그곳은 참이 있는 나라가 되는 것이고
　그곳은 사람 있는 나라가 되는 것이다.
　누구나 같은 제도가 있다면 특별은 사라지고
　누구나 같은 주인이 된다면 친절은 사라지고
　누구나 같은 평등에 산다면 봉사는 사라진다.
　특별의 화려함에 잃은 자를 볼 수가 있다면
　환호할 수 없을 것이고
　친절의 달콤함에 잃은 자를 볼 수가 있다면

박수칠 일 없을 것이고
봉사의 짜릿함에 잃은 자를 볼 수가 있다면
춤출 일은 없을 것이다.

누구나 보이는 특별을 노래하는 것은 일상적인 제도가 없다는 것이고 언제나 들리는 친절에 박수 치는 것은 객관적인 주인이 없다는 것이고 어디나 잡히는 봉사에 춤추는 것은 공존의 제도가 없다는 것이다.

특별에 자존심 잃은 자가 없어야 나라가 되는 것이고
친절에 자존심 잃은 자가 없어야 나라가 되는 것이고
봉사에 자존심 잃은 자가 없어야 나라가 되는 것이다.
이곳이 주인들의 나라면 누구나 같은 제도가 있을 것이고
이곳이 사람들의 나라면 누구나 같은 주인이 될 것이고
이곳이 함께 사는 나라면 누구나 같은 보편이 있을 것이다.
누구에나 공정한 제도가 있다면 화려한 특별은 사라지고
누구에나 공평한 주인이 있다면 달콤한 친절은 사라지고
누구에나 공존의 과정이 있다면 짜릿한 봉사는 사라진다.
특별에도 잃은 자의 피눈물이 있고
친절에도 잃은 자의 자존심이 있고
봉사에도 잃은 자의 비굴함이 있다.
특별에 얻은 자는 화려해서 보이지 않고
친절에 얻은 자는 달콤해서 들리지 않고
봉사에 얻은 자는 짜릿해서 느낄 수가 없지만
특별의 화려한 힘에 잃은 자가 울고 있고
친절의 달콤한 돈에 잃은 자가 울고 있고
봉사의 짜릿한 덕에 잃은 자가 울고 있다.

보는 것만 보지 마라 인간들아.

보이는 것의 화려함에 잃은 자가 더 많고

듣는 것만 듣지 마라 인간들아.

들리는 것의 달콤함에 뺏긴 자가 더 많고

잡은 것만 잡지 마라 인간들아.

잡히는 것의 짜릿함에 죽는 자가 더 많다.

보이는 것의 화려함에 잃은 자가 더 많고 들리는 것의 달콤함에 뺏긴 자가 더 많고 잡히는 것의 짜릿함에 죽는 자가 더 많다.

이곳이 제도가 있는 사람이 사는 나라면 잃은 자가 없고

이곳이 과정이 있는 주인이 사는 나라면 뺏긴 자가 없고

이곳에 중심이 있는 인간이 사는 나라면 죽는 자가 없다.

누구나 같은 주인이 사는 나라는 특별이 없는 곳이고

어디나 같은 제도가 있는 나라는 친절이 없는 것이고

언제나 같은 사람이 사는 나라는 봉사가 없는 것이다.

이곳이 민주주의라면 균형의 제도가 바탕이 될 것이고

이곳이 주인 사는 나라면 과정의 중심이 가치가 될 것이고

이곳이 사람 사는 나라면 서로의 보편성이 기준이 될 것이다.

사대주의 갇힌 지식은 똥이다 **117**

6

...

뿌리도 줄기도 없는 나라다

01. 뿌리도 줄기도 없는 나라이다

뿌리의 중요성을 아는 자 오르려 하지 않을 것이고
사람의 중요성을 아는 자 가두려 하지 않을 것이고
주인의 중요성을 아는 자 묶으려 하지 않을 것이고
제도의 이치를 아는 자 더 가지려 하지 않을 것이다.
뿌리가 없는 자는 패권주의 힘을 믿는 것이고
줄기가 아닌 자는 껍질의 포장을 믿는 것이고
사람을 믿는 자는 완장을 믿지 않을 것이고
제도를 믿는 자는 결과를 믿지 않을 것이다.
뿌리는 언제나 가치의 중심에 있는 것이고
줄기는 어디나 서로의 과정에 있는 것이다.
있는 곳의 중심은 언제나 뿌리가 되는 것이고
하는 것의 중심은 언제나 과정이 되는 것이고
가는 곳의 중심은 언제나 제도가 되는 것인데
변할 수 없는 이 땅은 역사가 없어 뿌리가 없는 것이고
변하지 않는 이 땅은 노동 줄기가 없어 주인 없는 것이다.
뿌리가 없으니 외풍에 흔들리고 줄기가 없으니 껍질에 흔들리고
과정의 제도가 없으니 서로를 인정할 수가 없는 불신의 삿대질만
춤을 추고 있는 것이다.
뿌리가 없는 나라의 화려함은 포장뿐이고
줄기가 없는 나라의 달콤함은 껍질뿐이고
열매가 없는 나라의 짜릿함은 아무리 화려해도 생명이 없는 죽은
나무에 죽은 꽃이다.

02. 인간사육장이 된 교육

이 땅의 교육은 인간을 가둬 놓고 돈으로 서열의 힘을 가르치고

이 땅의 교육은 사람을 묶어 놓고 경쟁의 힘을 가르치는 인간 사육장이다.

새끼들을 가둬서 이론지식을 가르치는 동안 본능적 감각의 기능을 퇴화시키고 힘만 믿는 종을 만들고 있는 것이다.

뿌리의 역사를 가르쳐서 자긍심을 키워야 할 교육이

노동의 감각적 기능을 통해 자발성을 키워야 할 교육이

사회적 가치를 통해 자존심을 키워야 할 교육이

수치적 짜릿함으로 간사함을 가르치고

자기 것을 버리고 사대주의 숭배하는 미친(미국이 친한) 교육이다.

자본주의 교육이라는 이름에다 돈으로 묶어서 경쟁력이라는 힘을 가르치는 인간 사육장이 되어버렸다.

어제의 뿌리를 통해 자긍심을 가르치고

오늘의 노동을 통해 자발성을 가르치고

내일의 사회를 통해 자존심을 가르쳐서.

이 땅을 바로 알고 이 나라를 세워야 할 교육이 원인의 시작을 통해 과정을 세우고 중심의 제도를 통해 주인을 만들고 서로의 가치를 통해 사회를 만들어야 할 교육이

가두어서 느낌 없는 먹물로 힘을 믿는 경쟁주의

가두어서 감각 없는 논리로 돈을 믿는 숭배주의

가두어서 생명 없는 종이로 저만 아는 개인주의

서열의 힘의 노예로 만들고 경쟁의 돈의 노예로 만들고

그런 인간으로 사육하는 것이 이 땅의 교육이다.

03. 자긍심을 잃어버린 나라

뿌리의 역사가 없으면 자긍심이 없는 것이고
줄기의 노동이 없으면 자존심이 없는 것이고
과정의 중심이 없으면 자발성이 없는 것이다.
뿌리가 없으면 힘을 믿는 것이고
줄기가 없으면 돈을 믿는 것이고
과정이 없으면 더를 믿는 것이다.
힘을 믿으면 간사함이 더해지는 것이고
돈을 믿으면 비굴함이 더해지는 것이고
더를 믿으면 처절함이 더해지는 것이다.
이 땅은 힘만 믿는 패권주의 사회이고
이 땅은 돈만 믿는 결과주의 사회이고
이 땅은 더만 믿는 지식주의 사회이다.
자긍심이 되는 뿌리가 없어 힘을 믿는 것이고
자존심이 되는 줄기가 없어 돈을 믿는 것이고
자발성이 되는 과정이 없어 더를 믿는 것이다.
지나온 역사는 뿌리가 되지 못하고 살아갈 노동은 줄기가 되지 못
하고 서로의 과정은 열매가 되지 못하여 힘만 믿으니 주인이 없는 것
이고 돈만 믿으니 사람이 없는 것이고 더만 믿으니 제도가 없는 것
이다.
누구나 힘을 믿어 자긍심을 잃어버렸고
누구나 돈을 믿어 자존심을 잃어버렸고
누구나 더를 믿어 자발성을 잃어버렸다.
힘이 없는데 내가 무엇을 해

돈이 없는데 내가 어떻게 해
법이 없는데 내가 나선다고 되나.
누구나 믿는 힘에 종이 되어 버렸고
누구나 믿는 돈에 졸이 되어 버렸고
누구나 믿는 데에 노예 되어 버렸다.
일상의 행동 속에 국민의 삶이 있고
일상의 언어 속에 노동의 삶이 있고
일상의 논리 속에 주인의 삶이 있다.
자본주의 경쟁력의 허상에 자긍심의 뿌리를 팔아먹었고
결과주의 더 있다는 환상에 자존심의 줄기를 팔아먹었고
패권주의 다 준다는 망상에 자발성의 과정을 팔아먹었다.
보이는 것은 우리 것이 없고 들리는 것은 남은 것이 없고
잡히는 것은 껍데기 포장뿐인 죽은 나라이다.

04. 노동이 없어 하드웨어가 없는 것이다

이 땅은 하드웨어가 없는 나라이다.
어제의 원인인 역사가 없어 하드웨어가 없고
오늘의 과정인 노동이 없어 하드웨어가 없다.
어제의 역사는 원인의 자긍심이 되는데
오늘의 과정은 서로의 자발심이 되는데
어제의 조상은 오늘을 잡아주는 중심이 되는데
오늘의 노동은 과정을 잡아주는 제도가 되는데
어제의 역사는 갇힌 권력이 팔아먹었고

오늘의 노동은 죽은 자본이 팔아먹었다.

갇힌 결과에서 화려한 소프트웨어를 만들어도 국민의 삶의 과정에서 제도가 되는 효율적 하드웨어가 없으니 보이는 것은 충돌하는 삿대질만 보이는 것이고 들리는 것은 삐걱거리는 고달픔의 아우성만 잔치하는 것이다.

아무리 화려한 소프트웨어도 바탕이 되는 효율적 하드웨어가 없다면 그곳은 충돌하는 저항이 있고 그곳은 반항하는 투쟁이 따르는 것이다.

어디서나 저항하는 저 모습들은, 제도가 없는 하드웨어에 어디서나 휘날리는 투쟁 깃발은, 하드웨어 제도가 없는 껍질뿐인 소프트웨어의 충돌인 것이다.

보여지는 껍질의 소프트웨어가 아무리 풍성해도, 나눌 수 있는 효율적 제도가 없다면 그곳은 사람 사는 땅이 될 수가 없고 그곳은 스스로 지켜낼 수가 없는 나라가 되는 것이다.

지식의 화려함이 아무리 뛰어나도 과정이 끝난 결과의 죽은 논리고 배움의 달콤함이 아무리 많아도 과정이 지난 결과의 죽은 논리이다.

지식의 화려한 소프트웨어도 노동의 살아있는 과정에서의 제도가 없다면 저항은 멈추지 않을 것이고 투쟁은 멈출 수가 없는 것이다.

갇혀서 만드는 소프트웨어는 아무리 화려해도 열린 곳의 하드웨어 제도가 될 수 없는 것이고, 지식이 아무리 배움을 만들어내도 노동이 살아있는 과정에서 효율성이 높은 하드웨어의 제도를 만들지 못하면 그 사회는 기능을 할 수 없는 사회가 되는 것이다.

제도는 과정에서 필요한 것이고 과정에서 필요한 제도는 과정에서 만들어져야 기능을 할 수가 있는 것이다.

지금 우리 사회는 갇혀진 계급에 의해 패권주의 힘만 믿는 지식사회 죽은 사회인 것이다.

05. 세상의 원인은 내가 되는 것이다

내가 세상의 원인이 되는 것이고
내가 세상의 과정이 되는 것이다.
내가 이 땅을 살아가는 국민이라서 원인이 되는 것이고
내가 이 땅의 살아 있는 노동이라서 과정이 되는 것이고
내가 이 땅의 살아가는 주인이라서 결과가 되는 것이다.
나는 이 땅의 시작의 원인이고 나는 이 땅의 중심의 과정이고
나는 이 땅의 힘이 되는 결과이다.
이 땅의 원인의 시작은 내가 되는 것이고
이 땅의 과정의 중심은 내가 되는 것이고
이 땅의 결과의 제도는 내가 되는 것이다.
이곳이 국가라면 국민이 원인이 되고
이곳이 나라라면 노동이 과정이 되고
이곳이 우리라면 주인이 결과의 제도이다.
내가 이 땅의 원인이 되지 못해 과정이 없는 것이고
내가 이 땅의 과정이 되지 못해 제도가 없는 것이고
내가 이 땅의 주인이 되지 못해 우리가 없는 것이다.
내가 원인이 되어 주인처럼 살고
내가 과정이 되어 사람처럼 살고
내가 우리의 경계가 되면 함께 사는 사회이다.
세상은 언제나 내가 원인의 시작이 되고
세상은 누구나 내가 과정의 중심이 되고
세상은 어디나 내가 결과의 꽃이 되는 곳이다.

06. 기억이 없으면 내일이 없다

기억이 없는 인간은 반복의 역사를 쓰고
생각이 없는 국민은 질 나쁜 역사를 쓰고
고민이 없는 사람은 어제의 역사를 쓰고
행함이 없는 주인은 고장난 역사를 쓴다.
세상은 절대 공짜가 없는 곳이다.
세상은 기억이 없는데 그냥 줄 놈이 없는 곳이고
세상은 생각이 없는데 그저 줄 놈이 없는 곳이고
세상은 고민이 없는데 찾아 줄 놈이 없는 곳이고
세상은 행함이 없는데 알아서 줄 놈은 없는 곳이다.
이 땅의 역사는 갇힌 권력의 노리개이고
이 땅의 전통은 죽은 자본의 장난감이다.
우리는 패권주의 권력의 화려함을 따로 보고 있는 것이고
누구나 자본주의 포장의 달콤함을 따라 가고 있는 것이다.
힘을 믿는 나라는 뿌리가 없어 자주성이 없고
돈을 믿는 국민은 줄기가 없어 자긍심이 없고
더를 믿는 주인은 열매가 없어 죽어가는 것이다.
뿌리 없는 패권주의 줄기 없는 결과주의
생명 없는 자본주의 포장뿐인 숭배주의
경쟁력에 묶어주면 기억 없이 노래하고
더 있다고 갈라주면 생각 없이 박수 치고
미친 놈이 잡아주면 고민 없이 춤을 추고
죽은 놈에 영혼 잃고 따라보는 주인인데
이 땅은 바뀔 일도 없고 바꿀 일도 없는 것이다.

07. 합리적인 생각을 해야 진보다

자연의 가치 생명의 가치

공존의 가치 우리의 가치

제도적 가치 주인의 가치를 생각하는 것이 진보이다.

자연과 생명이 따로가 아니고

공존과 우리가 다른 것이 아니고

제도와 주인이 다를 것이 아니다.

진보는 자연 속에 생명의 가치를 바라보고

진보는 공존 속에 우리의 가치를 생각하고

우리의 삶 속에서 살아있는 그대로의 제도를 만들어서 누구나 같은 주인이 되는 것이 진보이다.

돈을 믿지 않고 생명을 믿고 껍질을 믿지 않고 가치를 믿고 힘을 믿지 않고 사람을 믿고 경쟁을 믿지 않고 균형을 믿고 너와 나 우리의 가치를 만들어가는 것이 진보인 것이다.

나보다 우리를 생각하는 자발성이 진보가 되고 내 것을 놓고 우리를 잡는 것이 균형의 제도가 되는 것이다.

우리를 생각하는 열린 생각이 진보이고

제도를 생각하는 균형 잡힌 생각이 진보이고

더불어 살아야 한다는 생각이 진보가 되는 것이다.

자연과 생명이 공존을 할 수가 있고 서로의 제도가 나눔의 가치가 되고 누구나 존중받을 수 있는, 힘이 없는 합리적인 생각이 진보주의가 되는 것이다.

08. 뿌리가 없어 자주성이 없는 것이다

역사의 뿌리가 없어 나라는 자주성이 없고
국민은 줄기가 되지 못해 자긍심이 없고
노동은 열매가 되지 못에 자존심이 없어
주인 없는 나라에 사람 없는 나라가 되어버린 것이다.
권력에 갇힌 인간들은 보이는 것이 없고
먹물에 죽은 인간들은 들리는 것이 없고
갇혀서 죽은 인간들은 생각이 없어 힘만 믿고
죽어서 갇힌 인간들은 기억이 없어 돈만 믿고
배움에 갇힌 인간들은 고민이 없어 더만 믿고
결과에 죽은 인간들은 완장에 미쳐 치장만 믿고 있는 것이다.
이 땅은 뿌리가 없으니 남은 것이 없고
자주성이 없으니 힘센 놈에 끌려가고
자긍심이 없으니 돈센 놈에 잡혀가고
자존심이 없으니 더 센놈에 묶여가고 존엄성이 없으니
미친 놈이 판을 치고 있는 것이다.
갇힌 인간들이 더 누리려 노래하면
열린 인간들이 춤을 추며 따라가고
죽은 인간들이 더 가지려 포장하면
살아 있는 인간들이 박수 치고 따라가고
생각이 없는 국민에 기억이 없는 주인에
고민이 없는 노동에 가치가 없는 사람에
보이는 것은 삿대질이고 들리는 것은 악다구니 비명과
날리는 것은 빨간 깃발에 열리는 것은 포장 깃발뿐이다.

09. 이 땅을 망치는 것이 교육이다

이 땅을 망치는 것이 교육이고
이 땅을 조지는 것이 교육이다.
가두어서 느낌 없는 죽은 먹물을 주입하는 것이
이 땅의 갇힌 교육이고
가두어서 경쟁을 시키고 힘을 가르치는 것이
이 땅의 서열교육이고
우리 것을 버리고 사회성을 죽이는 것이
이 땅의 죽은 교육이다.
원인을 지나 과정이 끝난, 죽은 결과의 화려한 포장의 지식논리
과정이 없어 느낌이 없는 철이 지난 달콤한 결과의 죽은 논리
감각의 기능을 살려서 능력을 키워야 할 새끼들을 가두어놓고
먹물에 떡 감기고 자발성을 죽이는 것이 이 땅의 교육이고
　양놈 글 혓바닥에 주입시키고 자기 혼을 버리는 것이 이 땅의 교육이고 수식만 주입시켰어. 간사함으로 능력을 죽이는 것이 이 땅의 죽은 교육이다.
　이 땅에서 일하고 밥을 먹고 살아갈 아이들에게 왜 우리 것을 버리는 양놈 글이 우선이 되어야 하고,
　가두어서는 더불어 살아갈 사회를 가르치지 않고 뿌리역사를 가르치지 않는 것을 교육이라고 할 수가 있나.
　이론적 지식으로 밥 먹을 수 있는 직업은 크게 잡아도 20%, 그런데 아이들을 경쟁력에 묶어서 감각의 생산기능을 모두 죽이고 교육이라 말하고 있는 것이다.

경쟁하면 될 것처럼, 확률 없는 경쟁에 80%를 들러리로 세우고 감각적 기능을 죽이는 교육이 이 땅을 망치는 근본원인이 되는 것이다.

개인의 능력, 기능을 키워서 자발성을 만들어야 할 시간을 교육이 아이들을 가두어 놓고 결과의 이론적인 지식으로 생태적 능력의 자발성을 죽이고 있는 것이다.

역사는 뿌리이고 노동은 줄기이고 사회는 가치가 되는 것임에도 제대로 된 역사를 가르치지 않고 감각적 기능이 되는 노동의 가치를 가르치지 않고 더불어 살아갈 사회적 가치를 가르치지 않는 것은 교육이라고 할 수 없는 것이다.

이 땅의 교육은 아이들을 가두어서 서열의 힘, 경쟁력의 힘만 가르치는 패권주의 결과주의 사회를 만들고 있는 것이고 교육 자체가 힘을, 폭력을 가르치고 있는 것이다.

10. 민주주의는 일상에서 나오는 것이다

일상에서 밥이 나오고 일상에서 일이 나오고
일상에서 법이 나오고 일상에서 힘이 나오고
일상에서 정이 나오고 일상에서 말이 나오고
민주주의는 그런 것이고 주인 사는 곳은 그런 곳이다.
일상에서 내가 손에 든 것이 우리의 밥이 되고
일상에서 내가 손에 든 것이 우리의 일이 되고
일상에서 내가 손에 든 것이 우리의 법이 되고

일상에서 내가 손에 든 것이 우리의 힘이 되고
일상에서 내가 손에 든 것이 우리의 정이 되고
일상에서 내가 손에 든 것이 우리의 말이 되는데
자본주의 홍단풍에 우리 것이 없고
경쟁력의 꿀단풍에 남은 것이 없는데
밥이 어디에 있으며 일이 어디에 있으며
법이 어디에 있으며 힘이 어디에 있으며
정이 어디에 있으며 말이 어디에 있을 것인가?
이 땅은 배움에 갇힌 나라 모두가 갇혀서 죽은 나라.
이 땅은 결과에 갇힌 나라 누구나 갇혀서 죽은 나라.
물은 죽어서 사 먹고 집은 풍선 불어서 빨고
발은 갈라서 나홀로 글은 서열의 힘으로 가두고
병은 껍데기 포장으로
패권주의 화려해도 생명이 없는 죽은 나라이고
숭배주의 달콤해도 주인이 없는 죽은 나라이다.
세상은 따라가면 잃는 곳이고 세상은 따로 보면 죽은 곳인데
누구나 죽은 껍질에 따라가고 어디나 죽은 포장을 따로 보고 경쟁
력에 갇혀서 죽어가고 있는 것이다.

11. 세상은 힘을 믿으면 잃는 곳이다

세상은 힘을 믿으면 잃는 곳이고
세상은 돈을 믿으면 죽는 곳이고

왕은 힘을 믿어 누가 없고 종은 돈을 믿어 누가 없고
왕을 믿으면 종이 되고 제도를 믿으면 주인이 되는 것이다.
누구나 믿는 경쟁력에 언제나 더를 믿는 패권주의 힘에 잡혀서
왕의 품위 유지비에 잃고 종의 비굴함에 잃고 사는 것이다.
힘은 언제나 더 센 힘에 잃고
돈은 누구나 더 큰 돈에 죽고
왕은 둘이 없어 '너'가 없고
종은 '너'가 없어 '내'가 없고
언제나 중심이 없으니 제도가 없고
누구나 과정이 없으니 주인이 없고
보이는 것은 삿대질에 날리는 것은 만장깃발만 잔치하는 것이다.
주인이 되려 하면 힘을 버리고
사람이 되려 하면 돈을 버리고
인간이 되려 하면 더를 버려라.
주인 사는 민주주의는 힘이 없는 나라고
사람 사는 민주주의는 돈이 없는 나라고
인간 사는 민주주의는 더가 없는 나라다
누구나 같은 나라는 제도가 주인이고
언제나 같은 나라는 균형이 주인이고
어디나 같은 나라는 서로가 주인이다.
힘을 버리면 제도가 보이고 경쟁을 버려야 균형이 보이고 서로의
균형이 보편성의 제도가 되는 것이 민주주의이다.

12. 우리는 무엇을 얻었는가?

　시간을 알고 시간 속에 묶였고
　빠른 것을 알고 조급증에 묶였고
　편한 것을 알고 편한 것에 묶였고
　껍질 속에 갇혀도 잃은 것을 모르고
　완장 맛을 알고 죽은 힘에 갇혔어. 간사함을 얻어서 개인주의 왕이 되어 종이 되어 살고 있다.
　화려한 껍질에 내면의 양심을 팔았고 너를 잃었고
　달콤한 포장에 중심의 본심을 팔아서 나를 잃었는데
　우리는 무엇을 얻고 무엇을 잃었는가?
　자본주의 껍데기를 얻었어. 나를 잃어버렸고
　경쟁력의 포장지를 얻었어. 너를 잃어버렸고
　빠르다는 문명의 편리함을 얻었어. 돌아볼 여유도 잃어버렸고
　노력하면 다 있다는 달콤함을 얻었어. 다시 볼 행복도 잃어버렸고
고대광실 둥지를 얻었어. 함께할 가족을 잃어버렸고
　자본주의 꽃노래에 눈을 잃고 너를 잃어버렸고
　누가 보는 알이 없는 껍데기에 나를 잃어버렸다.
　문전옥답 다 팔아서 더 있다고 따라와서 부모형제 잃었고
　노력하면 다 있다는 경쟁력을 따라와서 모두 잃어버렸다.
　우리는 지금 무엇을 얻고 무엇을 잃었나.
　자본주의 화려함에 너를 잃어버렸고
　경쟁력의 달콤함에 나도 잃어버렸고
　짜릿함의 껍데기에 하나뿐인 존심마저 잃었는데

우리는 무엇을 얻고 무엇을 잃었나.
세상은 공짜가 없고 세상은 '잃지 않는 더'는 없는 곳이다.

13. 멀리 보면 모두가 꽃이다

높이 보면 별이 아닌 것이 없고
멀리 보면 꽃이 아닌 것이 없고
낮이 보면 삶이 아닌 것이 없다.
보이는 것은 화려해도 결과이고
들리는 것은 달콤해도 결과이고
잡히는 것은 짜릿해도 결과이다.
결과는 화려해도 과정이 지난 것이고
결과는 달콤해도 시간이 지난 것이고
결과는 짜릿해도 생명 없는 죽은 것이다.
세상을 보려면 과정을 보려 하고
세상을 알려면 중심에 서려 하고
욕심이 없으려면 경계에서 세상을 보아라.
그것이 세상의 본질이고 그것이 세상의 바탕이다.
별이 빛이 나는 것은 어둠을 헤쳐 온 과정에 있고
꽃이 고운 것은 풍파에 시련을 이긴 과정에 있고
삶이 아름다운 것은 처절함을 이긴 과정에 있다.
보이는 것은 언제나 화려한 것이고
들리는 것은 어디나 달콤한 것이고

잡히는 것은 누구나 짜릿한 것이다.
보이는 것만 보려고 하지 말고
들이는 것만 들으려 하지 말고
잡히는 것만 잡으려 하지 마라.

14. 이 땅은 미친 나라다

이 땅은 갇힌 놈이 잘사는 나라이고
이 땅은 미친(미국 친한) 놈이 잘사는 나라이고
이 땅은 갇혀서 죽은 놈이 잘사는 갇힌 나라이다.
책상에 갇혀서 오늘을 모르는 죽은 지식으로
권력에 죽어서 지금을 모르는 죽은 이론논리로
썩어도 감각이 없고 죽어도 느낌이 없는 이 땅은 죽은 나라이다.
과정을 모르니 원인도 모르고
중심이 없으니 주인도 모르고
갇혀서 산 것을 모르니 느낌도 없는 것이고
죽어서 감각을 모르니 포장만 있는 것이고
보이는 것이 화려해도 뿌리가 없고
들리는 것이 달콤해도 줄기가 없는 갇힌 놈이 잘살고
미친 놈이 잘사는 나라이다.
자기 것도 모르고 자기편도 모르고 자기가 누군지 모르고 자기가
무엇을 하는지 모르는 권력에 갇힌 놈이 화려하게 갈라주면 따라
가서 춤을 추고 자본의 미친(미국 친한) 놈이 달콤하게 갈라주면 따

로 보고 박수 치는 보아도 생각이 없어 자기편도 모르고 들어도 기억이 없어 자기할 짓도 모르는 힘만 믿는 갇힌 나랏돈만 믿는 미친 나라 법이 없는 죽은 나라 포장뿐인 갇힌 나라이다.

삿대질한다고 바뀔 것도 없는 나라이고 아우성친다고 바꿀 수도 없는 나라이다.

모두가 힘만 믿는데 누구나 돈만 믿는데 더 센 힘에 종이 되고 더 센 돈에 졸이 되어 끌려가도 볼 수가 없고 잡혀가도 알 수가 없는

지킬 놈도 없고 바꿀 놈도 없는 뿌리도 줄기도 없는 껍질뿐인 죽은 나라이다.

15. 말이 길면 포장이다

말은 아파야 참이고 글은 찔려야 뜻이고
밥은 먹어야 힘이고 술은 권해야 맛이고
정은 나눠야 알이고 신은 없어야 행인데
따가움이 없는 말에 뜻도 모를 남의 글에
밥도 우리 것이 없고 술도 전통인 게 없고
정을 나눌 님도 없고 신에 묶여 행도 없고
자본주의 홍단풍에 껍데기의 화려함에
경쟁력의 꿀단풍에 뿌리 없는 달콤함도 눈이 없어 볼 수 없고
귀가 없어 알 수 없네.
말이 길면 포장이고 글이 길면 치장이고
말은 아파야 참이고 글은 찔려야 뜻인데

왕만 사는 나라에 말은 언제나 포장을 덮어쓰고
종만 사는 나라에 글은 언제나 치장을 덮어쓰고
참이 없는 포장 말에 달콤해서 속는 것이고
뜻이 없는 거짓말은 화려해서 잃는 것이고
말은 달콤하니 거품이고 글은 화려하니 풍선이고
지금 우리가 무는 것은 거품값이고 풍선값이다.

7
...

노동이 세상의 주인이다

01. 좋은 노동도 없고 쉬운 노동도 없다

세상에는 좋은 노동도 없고 쉬운 노동도 없다.

살아있는 노동은 누가 해도 힘이 들고 느낌 있는 노동은 누가 봐도 힘이 든 것이다.

매일 해도 다르고 매일 봐도 다르고 살아있는 변동성에 느낌 있는 가변성에 살아있어 다른 것이다.

열린 노동은 언제나 촉박하고 긴박한 것이다.

살아있음에 느낌이 있고 살고 있음에 감각으로 사는 것이 노동이고 살아있어 포장을 할 수가 없고 살고 있음에 치장을 할 수가 없어 투박해 보이고 까칠해 보여도 살아있음에 가치가 있고 잡을 네가 있어 가치를 느끼고 사는 것이다.

있는 곳이 힘이 들면 멀리 한번 쳐다보고 내가 하면 누군가 편하겠지 생각하고 하는 것이 힘이 들면 하늘 한번 쳐다보고 내가 해도 힘이 들면 누가 해도 힘든 것이다. 생각하고 가는 것이 힘이 들면 세상은 힘든 만큼 얻는 곳이다 되뇌이다 보면 그것이 느낌이 되고 감각이 되고 전문성이 되는 나를 깎아 보석을 만드는 일인 것이다.

세상은 절대 좋은 노동이 없는 곳이고 쉬운 노동도 없는 곳이다.

내가 좋아하면 좋은 노동이 되는 것이고 내가 쉽게 하면 좋은 노동에 춤이 되는 것이 노동이다.

노동은 살아있는 것이라서 변하는 것이고

노동은 살고 있는 것이라서 변할 수밖에 없는 것이고

노동이 하는 일은 생산 하는 진보이고 생명 있는 진화인 것이다.

노동이 자부심이 없는 나라는 알이 없는 사회이고

노동이 가치를 잃으면 그곳은 생명 없는 죽은 사회이다.

세상은 힘든 만큼 얻는 곳이고 힘든 만큼 받는 곳이다.

하는 일이 힘이 든다고 갇힌 힘의 채찍에 길들려 '어쩔 수 없지.'의 종이 되고 하는 일이 돈이 된다고 죽은 돈의 당근에 맛들려 '안 할 수 없지.'의 졸이 되면 알이 될 수도 없고 밥이 될 수도 없는 것이다.

힘들어도 투박함을 자부심으로 여기고 고달파도 까칠함을 소금으로 여기면 내 안의 당당함 주인이 되고 세상의 당연함 주인이 되는 것이다.

살아있는 노동은 힘이 들어도 느낌이 있어 언제나 좋은 일이고 살고 있는 노동은 어디나 생명이 있어 좋은 일이다.

02. 노동은 주인이고 소금이다

노동의 가치는 자발성에 있고
지식의 가치는 자존심에 있고
노동은 살아있어야 감각에 사는 것이고
지식은 열려있어야 감성에 사는 것이다.
노동은 계급에 갈라져 졸이 되어 버렸고
지식은 완장에 빠져서 종이 되어 버렸다.
있는 곳에서 소금이 되어야 할 노동이
갇힌 곳에서 비수가 되어야 할 지식이
졸이 되니 대들 수가 없고
종이 되니 따질 수가 없어

이 땅은 썩을 수밖에 없고

이 땅은 죽을 수밖에 없는 것이다.

썩어빠져도 대들 수 없는 노동은 얻어 낼 것이 없는 것이고 냄새가 나도 따질 수 없는 지식은 사회적 가치를 잃은 것이다.

노동이 뭉쳐서 대드는 것은 세상이 썩지 않는 소금이 되는 것이고 지식이 논리로 따지는 것은 세상이 곪지 않는 방부제가 되는 것인데

이 땅은 노동은 쳐야 할 소금이 되지 못하고

이 땅은 지식은 뿌려야 할 방부제가 되지 못하니

어디서 봐도 안 썩은 데가 없는 것이고

언제나 봐도 정상인 곳이 없는 것이다.

자본주의 꽃노래의 경쟁력에 헛웃음 파는 노동자를 따로 보지 말고 패권주의 별노래의 '다 있다'에 자존심 파는 지식인 따로 보지 마라.

경쟁력에 졸이 되어버린 노동은 이 땅을 지키는 생명이 될 수도 없고 '더 있다'에 종이 되어버린 지식은 이 땅을 지키는 주인이 될 수 없는 것이다.

03. 세상은 먼저 보는 놈이 주인이다

세상은 절대 변하지 않는 것이 있고

세상은 절대 변할 수 없는 것이 있는 것이다.

세상의 주인은 언제나 어디서나 누구나

먼저 보는 놈이 주인이고 먼저 듣는 놈이 주인이고

먼저 하는 놈이 주인이고 먼저 먹는 놈이 주인이고
먼저 입는 놈이 주인이고 먼저 가는 놈이 주인이다.
그것이 노동이고 그것이 열린 데 사는 노동이다.
열린 곳에 먼저 집을 나서는 사람이 노동이고
살은 곳에 먼저 살은 소리 듣는 사람이 노동이고
하는 것에 먼저 느끼고 하는 사람이 노동이고
먹는 것에 먼저 먹고 맛보는 사람이 노동이고
입는 것에 먼저 입고 다시 보는 사람이 노동이다.
먼저에 하는 그 사람이 원인의 시작이 되는 주인이고
먼저에 가는 그 사람이 과정의 중심이 되어 주인일 수밖에 없는
것이 노동이다.

책상에 갇혀서 과정이 끝난 결과의 죽은 종이쪼가리 논리 들고
감각도 없는 죽은 것으로 포장하고 덧대는 것이 지식논리가 되는 것
이다.

아무리 아니라고 해도 살아있는 느낌 그대로의 노동이 지식보다
먼저이고 아무리 부정해도 감각에 사는 노동이 결과의 죽은 논리보
다 먼저이고 과정에 사는 노동이 서로의 논리로 제도를 만드는 것
이 민주주의이다.

04. 절대가치와 상대가치의 차이

절대가치는 바꿀 수가 없는 것이고
상대가치는 바꿀 수가 있는 것이다.

절대가치는 제도가 되는 것이고
상대가치는 서비스가 되는 것이다.
절대가치는 스스로 하는 주인이 되는 것이고
상대가치는 누가 해주는 왕이 되는 것이다.
절대가치는 스스로 하니 비용이 없는 것이고
상대가치는 누가 해주니 비용이 있는 것이다.
절대가치는 제도라서 균형이 되는 것이고
상대가치는 경쟁이라 거품이 되는 것이다.
절대가치는 서로의 과정에서 나오는 것이고
상대가치는 상대의 결과에서 나오는 것이다.
절대가치는 제도라서 만들어질 수가 없는 것이고
상대가치는 상대만 있으면 얼마든지 만들어낼 수가 있는 것이다.

자본주의 죽은 돈이 왕질하는 법이 없는 나라에 누구나 경쟁력의 힘만 믿는 나라의 종이 된 노동자는 어디서나 자존심 파는 돈만 믿는 나라의 졸이 된 노동자는 왕이 시키면 무엇이든지 해야 하는 노예가 되는 것이다.

결과만 있는 나라의 객관적 과정평가 방법이 없는 나라에서는 상대만 있으면 서비스는 얼마든지 만들어질 수가 있는 것이고 과정에서 제도적 평가가 만들어질 수 없는 나라는 소금이 될 제도가 없어 썩어갈 수밖에 없는 것이다.

왕만 사는 나라의 종이 된 노동자는 상대가치의 허수에 실무능력으로 조롱을 하며 개인의 사익을 추구하는 기회주의자가 될 수밖에 없는 것이고 자발적 동기를 발휘할 수가 없어 생산력이 떨어지고 비용은 증가하는 것이다.

각종 사회 안전망이 무너진 근본이유가 절대가치 제도가 아닌 상대가치 서비스에 있고 절대 평가방식이 아닌 상대평가 결과평가 방식에 이 나라가 죽어가고 있는 것이다.

05. 느낌으로 사는 것이 노동이다

노동은 보이지 않아도 알 수 있고
주인은 들리지 않아도 잡을 수 있고
중심은 과정에 있어 모든 것을 느낄 수 있는 것이다.
살아있는 그곳에서 살아있는 감각으로
열려있는 이곳에서 열려있는 촉각으로
눈으로 말하고 몸으로 알아듣고 몸으로 말하고 느낌으로 아는 것이다.
열려있는 과정은 살아있는 가변성과 변동성이 있는 곳이고 보여지는 그대로는 촉박함에 살아 절박함이 되고 느낌 있는 그대로는 긴박하여 포장 될 수없는 것이 노동이다.
살아있어 달게 포장할 수 없는 언어에
촉박하여 길게 치장될 수 없는 모습에
투박하고 모가 나고 까칠하고 볼품없이 보여도 언제나 노동이 주인인 것이다.
노동이 과정에서 행이 끝난 결과의 죽은 포장논리로
주인을 결과에서 과정 지난 결과의 갇힌 논리로
포장해서 끌고 가는 것이 이 땅의 경쟁력이다.
갇힌 인간들이 죽은 인간들이 노동을 계급으로 묶어서 종을 만들고 주인을 끌려가서 졸을 만들어 자존심을 꺾었으니 전문성이 없는 나라가 되었고 언제든지 나설 수 있는 자발성을 묶었으니 생산할 알이 없어 썩어서 죽어가는 나라가 되어버린 것이다.

있는 그곳에서 살아있는 노동의 자존심이 소금이 될 수가 없고 하는 그곳에서 열려있는 주인의 자발성이 황금이 될 수가 없고 갇힌 놈이 갈라주고 죽은 놈이 쪼개주면 따라가서 종이 되는 경쟁력만 노래하니

있는 곳에서 소금이 될 수가 없어 이 땅은 썩어버렸고
하는 곳에서 행동이 될 수가 없어 이 땅은 죽어버렸다.
노동이 자존심을 잃은 나라는 나라가 알이 없는 곳이고
주인이 자발성을 잃은 나라는 나라가 밥이 없는 곳이다.
이 땅이 힘이 없는 것은 결과주의 지식패권주의 사회이고
이 땅이 알이 없는 것은 포장주의 자본패권주의 껍질사회이고
이 땅이 답이 없는 것은 완장주의 미친 나라이기 때문이다.
세상의 불변은 과정에 있는 노동이 지식보다 먼저이고 세상의 변할 수 없는 이치는 과정에 사는 노동이 주인인 것이다.

06. 노동이 일을 겁내면 종이 되는 것이다

노동이 일을 겁내면 졸이 되는 것이고
지식이 힘을 겁내면 종이 되는 것이고
주인이 함을 겁내면 노예 되는 것이다.
하는 곳에서 기회주의자가 된 노동이

있는 곳에서 패권주의자가 된 지식이
사는 곳에서 지역주의자가 된 주인이
세상이 변하기를 바란다면 헛꿈이고
세상이 바뀌기를 바란다면 망상이고
이 땅이 개혁되길 바란다면 춘몽이다.
노동이 자본에 졸이 되어 잃어도 나서지 않는데
지식이 권력에 종이 되어 썩어도 나서지 않는데
주인이 경쟁에 노예 되어 죽어도 나서지 않는데
대들지 않는데 알아서 줄 놈도 없고 따지지 않는데 스스로 줄 놈
도 없고 저항을 않는데 챙겨서 줄 놈도 없는 것이다.
노동의 자존심은 썩지 않는 소금이 되고
지식의 자부심은 함께 사는 우리가 되고
주인의 자발성은 모두가 사는 국력이 되면
사람 사는 나라고 주인 사는 나라가 되는 것인데
자본주의 경쟁력에 졸이 된 노동에
과정 없는 결과주의 종이 된 지식에
제도 없는 패권주의 노예 된 주인에
어디나 힘에 갇혀서 법이 없는 나라이고
언제나 돈에 갇혀서 참이 없는 나라이고
누구나 더에 갇혀서 답이 없는 나라이니
삿대질만 풍년이고 비명소리만 잔치하는 것이고 죽어가는 빨간 깃
발에 찾아오는 만장 펄럭이고 있는 것이다.

07. 힘을 믿어 죽어버린 노동

힘이 없는 노동이 힘을 믿으니 종이고
돈이 없는 노동이 돈을 믿으니 졸이고
더가 없는 노동이 더를 믿으니 노예다.
갇힌 놈이 갈라주는 계급에 죽은 놈이 갈라주는 경쟁력에
힘을 믿으니 끌려가서 자발성을 잃고 돈을 믿으니 잡혀가서 자존
심을 잃고 더를 믿으니 묶여져서 종이 되어 죽어 가는 것이다.
노동자야 정신 차려라. 주인들아 정신 차려라.
계급으로 갈라진 노동아 제발 정신 차려라.
힘을 믿으면 더 센 힘에 잃고 돈을 믿으면 더 센 돈에 빼앗기고
더를 믿으면 더 센 너에 죽어가는 것이다.
노동은 살아있어 힘이 없는 것이고
노동은 네가 있어 돈이 없는 것이고
노동은 중심 있어 더가 없는 것이다.
힘은 계급에서 나오고 돈은 포장에서 나오고
더는 잃은 놈에게서 나오는 것이다.
과정에 사는 노동이 중심에 있는 노동이 양심이 되는 노동이 껍
데기의 힘을 믿고 '나만 더'의 돈을 믿고 '너보다 더'의 치장에 빠져
서 이 땅은 죽어가는 것이다.
노동이 까칠한 소금이 될 수 없고
노동이 따짐의 주인이 될 수 없고
중심의 당당한 논리가 될 수 없어
이 땅은 썩었고 이 나라는 죽어버렸다.

모두가 주인 되는 민주주의는 누구나 사람 되는 제도주의는

과정에 사는 노동이 만들고 중심에 있는 노동이 만들고 양심이 있는 노동이 만드는 것이다.

갇혀서 썩은 나라는 죽어서 갇힌 나라는 믿어서 미친 나라는 노동이 소금이 되어야 고칠 수 있는 약이 되고 노동이 주인이 되어야 고칠 수 있는 병이 되는 것이다.

썩어가는 이 땅을 지킬 사람도 노동이고

죽어가는 이 땅을 살릴 사람도 노동이다.

08. 노동이 세상의 중심이다

노동이 과정의 중심이 아니고
노동이 중심의 주인이 아니면
세상은 썩을 수밖에 없는 것이고
세상은 죽을 수밖에 없는 것이다.
노동은 과정에 있어 경계가 되는 것이고
노동의 중심에 있어 제도가 되는 것이고
노동은 열려있어 느낌이 되는 것이고
노동은 살아있어 생명이 되는 것이고
노동은 까칠해서 소금이 되는 것이고
노동은 포장이 없어 썩지 않는 것이다.
이 땅에 중심이 될 수 없는 노동은
이 땅에 관심이 될 수 없는 노동은

사람이 살 수도 없고 주인이 살 수도 없는 것이다.
무엇이 법이 되고 무엇이 밥이 되고 무엇이 힘이 되고
무엇이 알이 되는 것도 모르는 갇혀버린 죽은 사회.
어디를 봐도 화려함이 더 해가니 죽은 치장뿐이고
누구를 봐도 달콤함이 더 해가니 갇힌 포장뿐이고
갇힌 지식이 갑질하고 죽은 자본이 왕질해도
노동이 중심이 아니니 사람은 보이지 않고
노동이 주인이 아니니 지킬 낼 수가 없는 것이다.
사람 사는 나라는 언제나 과정이 중심에 있는 것이고 주인 사는
나라는 언제나 노동이 과정에서 제도를 만들어야 하는 것이다.

09. 저항 없는 노동은 종이다

불의에 저항을 잃은 국민은 주인이 아닌 것이고
잃고도 투쟁을 잃은 노동은 소금이 아닌 것이다.
사는 데서 자발성을 잃은 국민이 받을 것이 없고
하는 데서 자존심을 잃은 노동이 얻을 것이 없고
있는 데서 주인이 되려면 스스로 나설 수 있어야 하는 것이고
하는 데서 소금이 되려면 알아서 나설 수 있어야 하는 것이다.
주인 사는 세상은 그냥 오는 것도 아니고
사람 사는 세상은 그저 주는 것도 아니다.
살아있는 국민은 불의에 당당하게 저항하고
열려있는 노동은 잃음에 당연하게 투쟁하고

국민의 삶의 일상이 저항이 되면 제도가 되고

노동의 삶의 일상이 투쟁이 되면 소금이 되고

그것은 세상을 썩지 않게 하는 것이고

그것은 이 땅은 바로 가게 하는 것이다.

갇혀서 권력을 잡은 인간들은 더 누리려고 노동을 계급으로 가르고 껍질의 자본을 잡은 인간들은 더 가지려고 경쟁을 시키는 것임에도 노동자가 잃어도 편을 모르면 썩은 놈의 부역자가 되는 것이고 노동자가 빼앗겨도 따짐을 모르면 죽은 놈의 부역자가 되는 것이다.

노동자가 인간으로 산다는 것은 삶 속에서 저항하는 일이고 노동자가 주인으로 산다는 것은 일상에서 투쟁하는 것이다.

사람처럼 살려 하면 저항을 하고

주인처럼 살려 하면 투쟁을 하고

인간답게 살려 하면 일어서서 따져야 하는 것이다.

노동의 저항이 의무가 될 때 세상은 진보를 하고 노동의 투쟁이 일상이 될 때 세상은 진화를 하는 것이다.

10. 자발성은 잃은 노동의 현실

이것 좀 해줘 하면 내 것이 아닌데 뭐 하러 해.

그래도 해야 되잖아 하면 내 것도 아닌데 왜 해.

그래도 누군가 해야지 하면 해줘봤자 자본 놈만 좋은 일인데.

내가 하면 내 것이잖아 주인의식을 좀 가지자 하면

주인이 어디 있나. 사장 놈이 사람같이 안 보는데.

그래도 누가해도 해야 하잖아 하면

해줘봤자 알아주는 놈이 없는데 내가 미쳤다고 하나.

누군가 하는 놈도 노동자니까 한편이잖아 하면

못 본 척 하고 편하게 살란다. 나만 편하면 된다.

이 땅에 계급으로 갈라진 종이 된 노동자의 삶 속에서 누구나 하는 말이다.

이것이 대한민국의 열린 곳의 현실이다.

권력에 갇힌 인간들과 돈에 죽은 인간들이 노동자를 계급으로 갈라서 과정에 사는 노동자의 자발성을 잃어버린 것이다.

시키지 않으면 스스로 나서지 않고 힘을 가진 자가 시키면 어쩔 수 없이 하는 것이고 돈센 가진 자가 시키면 끌려가서 하는 시늉만 하고 있고 이렇게 과정에 사는 살아있는 노동자가 자발성을 잃었고 불법적 부당함에도 저항을 잃었고 훔쳐가는 도둑을 봐도 못 본 척 하고 있는 것이다.

있는 곳에서 주인이 되어야 할 국민은 하는 곳에서 소금이 되어야 할 노동자는 종이 되고 졸이 되었으니

이 땅은 썩어버렸고 이 나라가 죽어버린 것이다.

책상에 갇힌 기회주의 간사한 인간들이 돈에 죽은 기회주의 간사한 인간들이 더 쳐먹겠다고 경쟁력이라고 노래하고 더 있다고 노래하고 국민을 간사한 종으로 만들어버리고 노동자를 간사한 졸로 만들어버리니 자발성이 사라지고 생산력은 떨어지고 썩어도 소금이 없는 죽은 나라가 되어버린 것이다.

11. 당당함이 없는 나라

당당하게 할 말을 하고 살려하면
당연하게 할 일을 하면 되는 것이고
당연하게 내 말을 하고 살려하면
하는 일이 당당함이 되어야 하는 것이다.
어디서나 나만 더 가지려고 간사한 수판을 놓고
누구나 내가 더 편하려고 간사한 계산기만 돌리니
자발성을 가지고 나서는 주인이 보이지 않는 것이다.
열린 노동이 일 겁내니 간사한 졸이 되어버렸고
갇힌 지식이 말 겁내니 비겁한 종이 되어버렸고
계급에 갈라진 노동이 졸이 되니 자발성을 잃어버렸고
네모 칸에 갇힌 지식이 종이 되니 자존심을 잃어버렸다.
노동은 얄팍한 서푼에 계산기만 튕기고 지식은 껍데기 완장에 수판만 튕기니
이 땅이 썩어도 소금이 되어 나설 놈이 없고
이 땅이 죽어도 뭉쳐서 제대로 따질 놈이 없고
썩어도 알이 되어야 할 자발성의 노동이 없으니
어디를 봐도 참이 없는 썩은 나라가 되었고 죽어도 참이 되어야 할 합리성의 지식이 없으니 언제나 봐도 법이 없는 죽은 나라가 되었다.
이 땅은 참이 없는 완장 고픈 놈에 답이 없는 껍질 고픈 놈에 껍질완장 고픈 미친 놈과 치장포장 고픈 미친놈만 사는 모두가 갇히려고 하는 거대정신병동이다.

12. 산다는 것은 저항이다

동지섣달 설한풍에 저항하다
힘 빠진 놈이 싹이 되고
몰아치는 비바람에 저항하다
힘 빠진 놈이 꽃이 되고
작열하는 태양빛에 저항하다
힘 빠진 놈이 알이 되는데
자본주의 홍단풍의 화려함에
눈이 멀어 저항을 잃었으니
경쟁력의 꿀단풍의 달콤함에
귀가 멀어 저항을 잃었으니
더 있다는 청단풍의 짜릿함에
혼을 잃어 저항을 잃었으니
보이는 것은 죽어가는 생명들에
들리는 것은 썩어가는 아우성뿐이다.
인간들아 화려함에 저항하고
사람들아 달콤함에 저항하고
주인들아 짜릿함에 저항하라.
인간으로 산다는 것은 있는 곳의 저항이고
사람으로 산다는 것은 하는 것의 저항이고
주인으로 산다는 것은 보는 것의 저항이다.
나로부터 저항하고 생각하고
더로부터 저항하고 기억하고

너로부터 저항하고 고민해라.

산다는 것은 저항이고 살아있다는 것은 저항이고

살아낸다는 것은 저항하는 것이다.

13. 평상심이 노동이 사는 길이다

살아있는 곳에 사는 노동자는 평상심으로 살아야 하고

과정의 중심에 사는 노동자는 평상심으로 살아야 하고

열려 있는 촉각에 살고 살아 있는 느낌으로 사는 노동자는 평상심으로 살아야 하는 것이다.

과정이 끝난 결과에 사는 지식은 갇혀서 사니 무엇이나 가두려 하고 철이 지난 결과에 사는 자본은 죽어서 사니 어디든지 포장하려고 하는 것이다.

열린 곳에 사는 노동자가 치장에 갇히면 촉각이 없어 죽은 것이고 살은 곳에 사는 노동자가 포장에 죽으면 느낌이 없어 죽는 것이다.

열려 있어 치장할 새 없고 살아 있어 포장할 수 없는 노동자는 평상심에 살아야 하고 열린 곳에 살아있는 까칠함을 갈고 닦아야 전문성이 되고 하는 일에 끝이 없이 닦아야 자존심이 서는 것이고 날이 세워진 투명함이 빛이 되면 보석이 되는 것이다.

노동자의 자존심은 세상을 여는 문이 되고

노동자의 자긍심은 세상을 낳는 알이 되고

노동자의 자발성은 세상을 바꾸는 힘이 되는 것이다.

있는 곳에서 열려있는 까칠함이 논리가 되고

하는 것에서 살아있는 당당함이 제도가 되면
우리 사는 주인 사는 세상이 되는 것이다.
그것이 열린 곳의 노동자가 살아야 할 평상심이 되는 것이고
그것이 살아있는 곳의 노동자가 가지고 살아야 할 평상심이다.
갇혀서 과정이 끝난, 철이 지난 논리에
따라가면 종이 되는 것이고
죽어서 결과의 철이 지난, 포장 논리에
끌려가면 졸이 되는 것이고
껍질에, 포장에 평상심을 잃으면 얻을 것은 고달픔이 되니 까칠함을 훈장으로 알고 투박함을 완장으로 알고 살다 보면 나를 세우는 날이 되고 나를 빛내는 보석이 될 것이다.

노동자는 열린 곳의 치장 없는 까칠함이 자존심이 되면 중심이 있는 제도에 지킴의 땅이 되는 것이고 노동자는 살은 곳의 포장 없는 투박함이 자긍심이 되면 서로의 인정함이 있는 사람 사는 나라가 되는 것이다.

노동자의 간사함이 없는 평상심만이 이 땅의 밥이 되고
노동자의 비굴함이 없는 평상심만이 이 땅의 일이 될 것이다.

14. 노동의 가치를 인정할 수 없는 나라

노동의 가치를 인정하지 않는 나라.
누구나 하는 말 힘든데 뭐하러 하나.
언제나 하는 말 돈도 안 주는데 뭐하러 하나.

어디나 하는 말 누가 알아주는 것도 아닌데 왜 하나.

힘에 갇혀서 힘든 일을 피하려면 간사함을 팔아야 하는 것이고 돈에 갇혀서 돈 드는 일을 피하려면 비굴함을 팔아야 하는 것이다.

'나만 더'에 갇혀서 편한 것만 찾는 나라에서 힘든 노동의 가치를 인정할 수가 없는 것이고 그래서 우리는 모두가 지식에 갇혀버린 것이다.

우리는 누구나 갇힌 지식에 갇혔고

우리는 언제나 죽은 지식에 갇혔고

우리는 어디나 배운 지식에 갇혀서

화려한 결과에 껍질의 갇힌 힘을 믿고 달콤한 결과의 생명 없는 죽은 돈을 믿으니

살아있는 노동의 가치를 인정할 수 없는 나라가 되었고

열려있는 노동의 과정을 인정할 수 없는 나라가 되었다.

살아있는 노동의 자부심은 우리의 가치가 되는 것이고

열려있는 노동의 자신감은 모두의 가치가 되는 것이다.

힘든 일은 힘든 만큼 자부심이 있는 것이고

돈 든 일은 돈 든 만큼 자만심이 되는 것인데

우리는 힘든 가치를 외면하고 노동의 가치를 외면하고 있는 것이다.

힘든 일은 힘든 만큼 중요한 가치가 있음에도

갇혀서 배운 지식 결과로 아는 죽은 지식을 숭배하고

돈 든 일은 돈 든 만큼 필요한 가치가 있음에도

느낌도 없는 죽은 포장논리만 따라가고 있는 것이다.

살아있는 노동의 가치를 인정할 수 없는 나라는 힘을 믿는 패권주의가 되는 것이고 힘을 믿는 패권주의는 사람이 없는 죽은 사회가 되는 것이다.

15. 변하는 것이 저항이다

변하는 것은 저항이고 변하는 것은 투쟁이다.
살아있는 것은 변하는 것이고
살아있다는 것은 저항하는 것이고
살아간다는 것은 투쟁하는 것이다.
보아도 생각이 없으면 변할 수 없고
들어도 기억이 없으면 바뀔 수 없고
알아도 고민이 없으면 행할 수 없고
행함의 나섬이 없으면 죽은 것이 되어 썩는 것이다.
내 안의 도전의 동기는 균형의 힘의 발현이고
내 안의 자발적 동기는 균등의 기회의 발현이고
내 안의 행동의 시작은 공정의 나눔의 출발이다.
이 땅은 언제나 너 없는 수직의 힘을 믿고
이 땅은 누구나 둘 없는 수직의 왕을 믿고
이 땅은 어디서나 나 없는 갑질에 길들려 있으니
변할 수가 없어 도전이 없는 것이고 변하지 못하니 저항이 없는
것이고 변하자 않으니 투쟁이 없는 것이다.
힘센 놈의 썩음에도 도전의 소금이 없고
돈센 놈의 썩음에도 저항의 비수가 없고
믿을 놈의 썩음에도 투쟁의 뭉침이 없다.
안에서 썩음은 병인데 안에서 소금이 될 노동이 없고
안에서 썩음은 독인데 안에서 막아낼 노동이 없고
안에서 썩음은 충인데 이 땅은 안에서 잡아야 할 노동이 없는 것
이다.

16. 산다는 것은 부채를 갚는 것이다

산다는 것은 누군가에 갚아야할 부채이고 살아낸다는 것은 누군
가에 갚아야 할 부채를 갚는 일이다.

법 없는 이 땅에서 힘 없는 국민으로 산다는 것은
부채를 갚는 일이고
참 없는 이 땅에서 돈 없는 주인으로 산다는 것은
부채를 갚는 일이고
너 없는 이 땅에서 나 없는 사람으로 산다는 것은
부채를 갚는 일이다.

과정이 없어 중심이 없고 중심이 없어 제도가 없고
제도가 없어 주인이 아닌 노동자로 이 땅을 살아간다는 것은 부
채를 갚는 일이다

내가 선택하지 않는 것은 그 무엇도 포기할 권리가 없고
내가 스스로 타지 않은 이 배는 내 맘대로 내릴 수도 없고 누군가
내게 준 내 삶이 부채이고 누군가 내게 준 내 일이 부채이고 누군가
내게 준 내 정이 부채이고 부채에 묶여서 이럴 수도 저럴 수도 없이
뿌리칠 수없이 사는 것은 부채를 갚아가는 것이다.

더도 없고 덜도 없는 세상 돌아볼 수 없는 나의 하루는 눈먼 값
에 귀먼 값에 혼이 없는 부채 값을 갚는 것이다.

있는 곳이 힘든 것도 부채 때문이고
하는 것이 힘든 것도 부채 때문이고
노는 것이 힘든 것도 부채 때문이고
언제나 여유가 없는 것도 갚아야 할 부채 때문이다.

내가 갚아야 할 삶이라면 의무가 되고

내가 갚아낼 삶이라면 책임이 되고

내가 갚을 수밖에 없다는 생각이 사명이 되면 삶은 가벼워질 것이다.

17. 노동은 현실이고 지식은 이상이다

언제나 원인은 시작이 있고 중심의 과정의 행위가 있고 결과는 논리가 되는 것이다.

과정은 현실이고 결과는 이상이다.

과정은 살아 있어 포장 할 수가 없고 결과는 죽은 것이라서 결과를 포장할 수밖에 없는 것이다.

현장의 살아 있는 곳은 과정이라서 다급한 현실에 살고

책상의 갇힌 곳은 결과라서 포장의 화려한 이상에 살고

노동, 살은 곳은 포장할 새 없어 까칠한 논리에 살고

지식, 갇힌 곳은 포장 속이라서 화려하게 포장을 하고

과정의 실무는 촉각의 현실에 포장할 새가 없는 것이고

결과의 논리는 감각이 없어 이상으로 포장할 수밖에 없는 것이다.

현실과 이상은 언제나 갈등하는 것이고

현실과 이상은 어디서나 갈등하는 것이다.

긴박함의 노동의 현실은 절대 포장할 수 없는 것인데

결과주의 갇힌 지식은 언제나 포장의 이상을 요구하고 있는 것이다.

돈만 내면 왕이다 무조건 친절해라.

제도를 모르는 화려한 이상이고

고객은 왕이다 무엇이든지 다해줘라.

종과 왕의 힘의 처절한 이상이다.

세상은 그 무엇이나 비용이 있고 세상은 그 어디서나 비용이 따라오는 것인데

이 땅은 결과주의 지식논리에 왕만 사는 이상주의 나라고 이 나라는 현실을 모르는 지식의 화려한 껍데기 논리에 종만 사는 나라고 지금 우리의 삶의 피폐한 현실은 죽은 돈, 왕의 품위유지비에 사람이 종이 되어 죽어가고 있는 것이다.

보이는 화려함은 결과주의 이상에 생명 없는 포장이고

들리는 달콤함은 경쟁주의 이상에 죽어가는 아우성이다.

8
...

바보가 잘사는 민주주의

01. 계급이 없어야 민주주의다

계급이 없고 서열이 없고 차별이 없어 잃음이 없고
경쟁이 없고 거품이 없고 포장이 없어 비용이 없고
패권이 없고 갑질이 없고 과정이 있어 제도가 있는 곳이 민주주의
이다.
계급이 없어 힘이 없고 차별이 없어 돈이 없고
경쟁이 없어 더가 없고 포장이 없어 보여 지고
패권이 없어 화려함이 없는 것이 민주주의이다.
오늘 우리는 화려한 계급에 눈을 잃고
지금 모두가 달콤한 치장에 귀를 잃고
이 땅의 서로는 짜릿한 경쟁에 혼을 잃어버렸다.
보이는 것의 화려함의 껍질에
들리는 것의 달콤함의 포장에
잡히는 것의 짜릿함의 치장에 잃어버렸다.
화려한 껍질에 내 안의 제도 양심을 잃어버렸고
달콤한 포장에 내 안의 제도 본심을 잃어버렸고
짜릿한 완장에 내 안의 제도 중심을 잃어버렸다.
힘을 가지면 다 될 것 같고
돈을 가지면 다 할 것 같고
더를 가지면 다 될 것 같아,
누가 보는 껍데기의 종이 되어버렸고
누가 아는 포장지의 졸이 되어버렸고
누가 없는 완장계급에 노예가 되어버렸다.

02. 제도는 과정에서 나오는 것이다

세상은 누가 보는 내 모습이 법이 되고
세상은 누가 아는 내 한 손이 비용이 되고
세상은 누가 가는 내 한 발이 시간이 되는 것이다.
집 나오면 누가 보는 그 모습은 제도가 되고
길 나서면 누가 아는 그 한 손이 비용이 되고
들 나서면 누가 가는 그 한 발이 시간이 되는 것이다.
세상은 제도가 없는 곳이 없고 비용이 없는 것이 없고 시간이 없
는 곳이 없는 것이다.
제도와 비용과 시간은 언제나 삼위일체의 동반자가 되는 것이다.
제도가 있는 사회는 주인이 사는 곳이고
비용이 없는 사회는 사람이 사는 곳이고
시간이 없는 사회는 중심이 있는 것이다.
제도가 비용이 되고 비용이 시간이 되고
시간이 제도가 되는 사회는 법이 중심에 있고
제도가 비용이 되는 사회는 법이 과정에 있고
비용이 없는 사회는 제도가 중심이 되는 사회이다.
제도가 중심에 서려면 제도가 과정에서 나오고 제도가 경계의 과
정에 서면 서로의 인정함이 되는 것이다.
이 땅이 제도가 없는, 과정이 없는 결과주의 사회이고
이 땅이 비용이 드는 것은 갇힌 결과의 죽은 자가 제도를 만들기
때문이다.
과정에 없는 자가 결과의 죽은 논리로,

162　왕만 사는 나라

경계에 없는 자가 철이 지난 논리로 제도를 만드니

껍질뿐인 포장지 법이고 알이 없는 특별법이 되어

특별에 잃은 자를 볼 수가 없고 차별에 죽은 자를 알 수가 없어
삿대질이 풍년이고 비명만 춤을 추는 것이다.

03. 바보가 잘사는 민주주의

힘이 없는 바보 돈이 없는 바보 더가 없는 바보

힘을 버리는 바보 돈을 버리는 바보 자기 것을

버릴 수 있는 바보가 잘사는 나라가 민주주의다.

좋은 것을 모르는 바보 싫은 것을 모르는 바보

얻을 것을 모르는 바보 받을 것을 모르는 바보

보는 대로 아니면 따지고 듣는 대로 나쁘면 따지고

지키려고 따지는 바보가 사는 나라가 민주주의다.

수치가 없고 계산이 없는 생각이 없는 바보

수판이 없고 고민이 없는 기억이 없는 바보

잃는 것도 모르고 빼앗길 것도 모르는 바보

다 자기 것이라 생각하는 바보

다 우리 것이라 생각하는 바보

다 똑같다고 생각하는 욕심 없는 바보가 잘사는 나라가 민주주
의다.

힘이 들어도 누구 탓도 모르는 바보

돈이 들어도 세상 탓도 모르는 바보

편이 없어도 누구 탓도 모르는 바보
그런 바보들이 살아가는 나라가 주인 사는 민주주의다.

04. 힘이 없는 곳이 민주주의다

우리는 누구나 힘이 없는데
우리는 언제나 돈이 없는데
우리는 모두가 줄이 없는데
누구나 힘만 믿고 언제나 돈만 믿고 모두가 줄만 믿는다.
힘만 믿으니 더 센 힘에 잡혀가서 죽는 것이고
돈만 믿으니 더 센 돈에 묶여가서 빼앗기는 것이고
줄만 믿으니 더 센 줄에 끌려가서 죽는 것이다.
힘만 믿는 인간은 짐승이 되는 것이고
돈만 믿는 인간은 괴물이 되는 것이고
줄만 믿는 인간은 아귀가 되는 것이다.
인간이 되려 하면 힘을 놓아야 하고 사람이 되려 하면 돈을 놓아
야 하고 주인이 되려 하면 줄을 놓아야 하는 것이다.
힘에 갇히면 논리적 당당함이 멀어지는 것이고
돈에 묶이면 객관적 당연함이 멀어지는 것이고
줄에 잡히면 합리적 팽팽함이 멀어지는 것이니
이 땅은 힘에 끌려가서 썩어가는 허우적댐만 보이고
이 땅은 돈에 묶여가서 죽어가는 달콤한 소리만 들리고
이 땅은 줄에 잡혀가서 저항 잃은 포장껍질만 잡히는 것이다.

인간들아 인간이 되려 하면 힘을 놓는 것이고
사람들아 사람이 되려 하면 돈을 놓는 것이고
주인들아 주인이 되려 하면 줄을 놓아야 하는 것이다.
이 땅이 처절한 것은 누구나 힘만 믿는 값이고
이 땅이 처참한 것은 언제나 돈만 믿는 값이고
이 땅이 절박한 것은 어디나 줄만 믿는 값이다.
세상은 힘은 놓아야 끌려가지 않는 것이고
돈은 놓아야 묶여가지 않는 것이고
줄은 버려야 잡혀가지 않는 것이다.
인간들아 힘을 놓아라. 힘을 버려야 누가 보이는 것이고
사람들아 돈을 버려라. 돈을 버려야 내가 보이는 것이고
주인들아 더를 풀어라. 더를 풀어야 끌려가지 않는다.
그곳이 힘이 없는 사람 사는 세상이고
그곳이 돈이 없는 주인 사는 세상이고
그곳이 더가 없는 우리 사는 세상이다.

05. 주인이 없는 민주주의

제도가 없으니 나라도 아니고
주인이 없으니 민주주의도 아니고
우리가 없으니 공존의 사회도 아니다.
법이 없는 나라는 힘센 놈이 지배하고
참이 없는 나라는 돈센 놈이 지배하고

덕이 없는 나라는 신센 놈이 지배하니
삿대질이 풍년이고 아우성이 춤을 추고 비명이 잔치하고
세상은 더없이 살라 하고 세월은 티없이 살라 하고
세상은 탐없이 살라 하고 세월은 힘없이 살라 했는데
힘센 놈이 갈라주면 따라가서 부역하고
돈센 놈이 쪼개주면 따로 보고 박수 치고
더 센 놈을 숭배하고 생각 없이 춤을 추니
세상에 충이 되고 세월에 좀이 되어
세상에 독이 되고 세월에 탐이 되어
삿대질은 쉴 날이 없고 아우성은 놀 날이 없고
들리는 소리는 죽었다, 죽였다에 날리는 깃발은 만장 깃발이고
법은 힘 센 놈 편이 되니 참이 없고
밥은 돈 센 놈 편이 되니 덕이 없고
정은 더 센 놈 편이 되니 알이 없는 것이다.
　제도주의 민주주의가 제도가 없으니 주인도 없고 과정주의 민주
주의가 과정이 없으니 사람도 없고 법치주의 민주주의가 경계가 없
어 서로가 없으니 여기는 나라도 아니고 국가도 아닌 것이다.

06. 공존은 제도에 있다

이 땅은 계급사회이고 이 땅은 죽은 사회이고
이 땅은 갇힌 사회이고 이 땅은 서열 사회이다.
갇힌 곳은 어디나 계급이 있고

열린 곳은 어디도 계급이 없고

갇힌 곳은 갇혀서 힘을 믿는 치장의 계급이 있고

열린 곳은 열려서 너를 믿는 균형의 제도가 있고

갇힌 곳은 계급이 있어 힘을 믿는 것이고

열린 곳은 제도가 있어 너를 믿는 것이다.

갇힌 놈은 힘을 믿어 서열로 지배를 하려 하는 것이고

열린 놈은 너를 믿어 제도적 균형을 만들려 하는 것이고

힘을 믿으면 종이 되는 것이고 돈을 믿으면 졸이 되는 것이다.

이 땅이 주인이 없는 것은 갇힌 놈이 만들어내는 힘에 계급이 있으니 법이 없는 것이고 이 땅이 사람이 없는 것은 갇힌 놈이 만든 돈에 힘이 지배하는 것이다.

우리가 사는 곳은 제도가 있어 힘이 없는 곳이고

서로가 사는 곳은 경계가 있어 지키는 곳이고

모두가 인정하고 사는 곳은 균형의 제도에 있는 것이다.

민주주의가 되려 하면 누구나 힘을 버려야 하고

더불어 살려고 하면 어디나 돈을 버려야 하고

주인이 되려 하면 계급을 버려야 하는 것이다.

힘을 버리려 하면 제도가 있어야 하는 것이고 더불어 살려 하면 균형이 법이 있어야 하는 것이고 누구나 같은 보편성의 제도가 있어야 모두가 주인이 되는 것이다.

07. 힘이 없는 놈이 힘을 믿는다

이 땅은 힘없는 놈이 힘만 믿고
이 땅은 돈 없는 놈이 돈만 믿고
이 땅은 자신 없는 놈이 죽은 신만 믿는다.
세상은 믿으면 잃는 것이고 숭배하면 빼앗기는 것이고
따라가면 죽는 곳이다.
힘을 믿으면 자주성이 없고 돈을 숭배하면 자신이 없고
따라가면 의타심에 종이 되는 것이다.
힘을 믿지 않아야 자주적 주인이 되고
돈을 믿지 않아야 서로의 나눔이 되고
신을 믿지 않아야 내 안의 행함이 되는 것이다.
누구나 힘을 믿으니 주인이 없고
어디서나 돈을 믿으니 사람이 없고
언제나 더를 믿으니 인간이 보이지 않고
힘만 믿고 따라가는 왕만 보이고
돈만 믿고 끌려가는 종만 보이고
더만 믿고 잡혀가는 노예만 보인다.
힘을 믿어 자발성을 잃고 힘이 없는데 어쩔 수 없지
돈을 믿어 자존심을 잃고 돈이 없는데 어쩔 수 없지
더를 믿어 간사함을 팔면서 더 가지려는 생각들뿐이다.
누구나 당당함을 잊어버렸고 어디나 당연함을 잊어버렸고
언제나 비굴함이 판을 치고 있다.
주인이 사는 나라는 누구나 자발성을 가지고 따질 수가 있고

어디서나 잘못이 있다면 자발성으로 나설 수가 있어야 주인이 사는
나라인데
내 것도 아닌데 뭐해.
내가 나선다고 달라지겠나.
내가 안 해도 누가 하겠지.
이것이 주인 없는 오늘의 이 땅의 현실이다.
힘을 믿지 않아야 주인 사는 사회가 되고
돈을 믿지 않아야 사람 사는 사회가 되고
신을 믿지 않아야 인간사는 사회가 되는 것이다.
주인은 스스로 생각하고 행동하고 사람은 알아서 기억하고 고민
하고 인간은 돌아보고 나누는 것이다.

08. 민주주의는 힘 빼는 것이다

나라의 국민은 시작의 원인이 되고
국가의 노동은 자발의 과정이 되고
국민이 원인 된 자주성이 뿌리가 되고
노동이 과정 된 자발성의 줄기가 되면
이 땅에 결과의 화려한 열매가 얻어지는 것이다.
자본주의 결과주의 과정 없는 껍질주의는
화려해도 따라가면 잃는 것이고
경쟁주의 성과주의 알이 없는 껍질주의는
달콤해도 따로 보면 죽은 것이고

자본주의 화려한 꽃노래는 따라가면 잃는 곳이고
경쟁주의 달콤한 꿀노래는 따로 보면 죽는 곳이다.
사람 사는 나라는 화려한 힘을 버리는 곳이고
주인 사는 나라는 달콤한 돈을 버리는 곳이다.
머리에 힘을 주면 들리지 않아 네가 없는 것이고
목에 힘을 주면 돌아볼 수 없어 내가 없는 것이고
손에 힘을 주면 잡을 수가 없어 나홀로 죽는 놈이 되는 것이다.
민주주의 사람 사는 나라는 머리에서 힘을 빼는 것이고
제도주의 주인 사는 나라는 목에서 돈을 빼는 것이고
과정주의 우리 사는 나라는 손에서 힘을 빼는 것이다.
머리에서 힘을 빼면 네가 보이고 목에서 힘을 빼면 돌아볼 수 있고
손에서 힘을 빼면 너를 잡을 수가 있어 함께 사는 것이고 민주주의
는 머리에서 힘을 빼고 목에서 돈을 빼고 손에서 더를 빼는 곳이다.

09. 서로의 다름을 인정하자

감이 다른 것은 봄이 다른 것이고
일이 다른 것은 감이 다른 것이고
함이 다른 것은 줌이 다른 것이다.
산다는 것은 다름을 인정하는 것이고
한다는 것은 다름을 인정하는 것이고
서로가 있는 것은 다름을 인정하는 것이다.
다름을 인정하는 것은 너와 나의 시작이고

다름을 인정하는 것은 우리의 출발이고
다름을 인정해야 다름의 시작에서 무엇이 찾아지는 것이다.
나의 말에서 뜻을 찾고 나의 행에서 길을 찾고
나의 길에서 벗을 찾아 너와 내가 우리가 되고
나와 네가 서로가 되고 너와 나 만남의 과정에서
나와 너 과정의 중심에서 서로의 양심이 제도가 되어
우리의 다름이 지켜질 경계가 되면 그곳이 사람 사는 나라
그곳이 주인 사는 나라 그곳이 인간이 중심이 되는 민주주의
서로의 공존의 땅이 되는 것이다.

10. 민주주의 사라질 단어

사람 사는 나라 주인 사는 민주주의는 특별 친절 봉사 이 세 단어가 사라지는 것이다.

특별 뒤에 잃은 99%를 볼 수 있고 친절 뒤에 잃은 종의 피폐함을 볼 수 있고 봉사 뒤에 존심 잃은 낮은 자리 약자를 볼 수가 있을 때

특별의 화려함은 없어지고 친절의 달콤함은 멀어지고 봉사의 포만감이 사라진다.

사람 사는 나라 주인 사는 나라는 제도가 중심이 되고
과정이 중심이 되는 나라다.
갇힌 자가 믿는 힘의 입에는 언제나 특별이 노래이고
죽은 자가 믿는 돈의 입에는 어디서나 친절이 노래이고
가진 자가 믿는 넘친 입에는 누구나 봉사가 노래되어 있으니

여기는 갇힌 나라에 죽은 나라에 미친 나라이다.

누구나 특별에 춤추는 힘만 믿는 갇힌 나라는

언제나 친절의 달콤한 돈만 믿는 죽은 나라는

어디나 봉사의 짜릿한 더만 믿는 미친 나라는

화려함의 왕만 사는 종만 사는 나라이니 품위유지비를 물고 달콤함의 졸만 사는 주인 없는 나라이니 비굴만이 판을 치고 짜릿함의 삶에는 노예 되어 살아가는 것이다.

자본주의 왕만 사는 나라는 왕의 말이 법이라서 제도 없는 나라이고 경쟁주의 종만 사는 나라는 힘이 없어 주인 없는 나라이다.

이곳이 나라면 균형의 제도에 특별이라는 말 없을 것이고

이곳이 나라면 자발적 여유에 친절이라는 말 없을 것이고

이곳이 나라면 보편적 균형에 봉사라는 단어는 없을 것이다.

언제나 특별의 화려함이 내가 되니

잃은 자가 보이지 않는 것이고

언제나 친절의 달콤함이 내가 되니

잃은 자가 들리지 않는 것이고

봉사의 짜릿함에 읍소하는 존심 잃는 자가

내가 되어도 바로 볼 수가 없으니

이 땅은 모두가 화려함에 달콤함에 한쪽만 보는 외눈박이가 되어 제도 없는 주인 없는 나라가 되는 것이다.

11. 주인은 생각이 본능이다

어디서나 생각이 본능이 되면 기억은 일상이 되고
누구나 기억이 일상이 되면 행동은 일상이 되는 것이다.
우리는 자본주의 화려한 홍단풍의 문명의 이기에 눈을 잃고
생각을 잊었고
모두가 결과주의 달콤한 꿀단풍의 경쟁력의 힘에 귀를 잃고
기억을 잃었고
더 있다는 숭배주의 짜릿한 껍데기에 느낌을 잃고 혼을 잃어서 다
빼앗겨도 행동을 할 수가 없는 것이다.
날리는 화려함에는 알이 없는 거짓 깃발뿐이고 들리는 달콤함에
는 치장포장 껍질뿐인데 죽어가는 짜릿함에 들리지도 않고 잡히지
도 않는 것이다.
인간이 제도적인 생각의 본능을 잃었으니 양심을 잃었고
주인이 중심적인 기억의 본질을 잃었으니 제도를 잃었고
사람이 양심적인 고민의 본성을 잃었으니 갇혀버린 것이다.
패권주의 힘을 믿는 갇힌 짐승이 되어버린 것이고
결과주의 돈을 믿는 잡힌 동물이 되어버린 것이고
숭배주의 더를 믿는 죽은 속물이 되어버린 것이다.
보이는 현란함에는 알이 없는 깃발뿐이고 들리는 화려함에는 악
다구니 저항소리는 들지도 않고 잡히는 짜릿함에는 죽어가는 비명
뿐이다.
인간들아 사는 것이 힘이 들면 생각하고 돌아보고
인간들아 하는 것이 힘이 들면 기억하고 다시 보고

인간들아 노는 것이 힘이 들면 고민하고 찾아봐라.

인간으로 산다는 것은 생각이 본능이 되는 것이고

사람으로 산다는 것은 과정이 본능이 되는 것이고

주인으로 산다는 것은 제도가 본능이 되는 것이다.

생각하고 행동하는 본능 기억하고 다시 보는 본능 고민하고 따라가는 것이 본능이 될 수가 있어야 너와 내가 하나 되는 민주주의 주인 사는 나라이다.

12. 민주주의는 일상의 논리다

민주주의는 누구나 볼 수 있는 것이 제도가 되고

민주주의는 누구나 할 수 있는 것이 과정에 있고

민주주의는 누구나 알 수 있는 것이 중심이 되는 것이다.

누구나 할 수 있는 것에서 누구나 논리를 만들고

누구나 알 수 있는 것에서 과정의 논리가 되고

누구나 갈 수 있는 일상에서 다수를 만드는 것이 민주주의 제도주의가 되는 것이다.

내가 삶의 과정에서 생각하고 나의 과정의 논리가 다수가 되고 서로의 객관적인 논리가 제도가 되는 것이 주인 사는 민주주의다.

힘을 믿지 말아야 생각을 할 수가 있고

돈을 믿지 않아야 기억을 할 수가 있고

더를 믿지 말아야 행동을 할 수가 있고

서로의 객관성이 제도가 되면 힘이 없는 나라의 법이 되고 돈이 없는 나라의 양심이 되고 완장이 없어 껍질이 없는 경쟁이 없어 서로를 믿는 사회가 되는 것이다.

누구나 말하는 경쟁력의 힘을 버리고

누구나 말하는 더 있다는 돈을 버리면

자발성은 자존심이 되고 자존심은 자긍심이 되고 자긍심은 썩지 않는 생산의 알이 되는 것이고 그것이 보편성의 제도가 되면 누구나 함께 살 수 있는 민주주의가 되는 것이다.

13. 내가 없는 누가는 없다

누가 하겠지 다른 사람이 하겠지.

누군가 하겠지 다른 사람이 해주겠지.

누가 해줘서 이렇게 되었고 다른 사람이 해줘서 요렇게 되었다.

세상은 상대의, 누가 있는 곳이 아니고 내가 있는 내가 사는 곳이다.

세상은 내가 있어야 내가 사는 세상이 되는 것이고

내가 주인이 되어야 주인 사는 세상이 되는 것이고

내가 사는 세상이면 내가 해야 하는 것이 세상의 기본이치가 되는 것이다.

나의 자발성을 누가 해주면 종이 되고

나의 자존심을 대신 해주면 졸이 되고

내가 아닌 누가 되고 주인 아닌 객이 되어 오늘 지금 여기다.

세상을 바꾸려면 내가 자발성의 주인이 되고

나라를 바꾸려면 내가 자존심의 사람이 되어라.

누가 하겠지 다른 사람이 하겠지.

누군가 하겠지 다른 사람이 해주겠지.

객이 된 내 모습이 종이 된 내 행동이 오늘 지금 여기다.

세상을 바꾸려면 오늘 내가 주인 되게 바뀌고

이 땅을 바꾸려면 지금 내가 사람 되게 바뀌어라.

내가 주인처럼 살면 주인 사는 나라이고

내가 사람처럼 살면 사람 사는 나라이다.

세상은 따라가면 잃는 곳이고 세상은 따로 보면 죽는 곳이고

누가 해주면 누구에게 물어야 할 비용이 있는 것이다.

아직도 누가 하겠지 지금도 다른 사람이 하겠지.

그러면 종이 되어 살면서 졸이 되어 비용을 물고 살면 되는 것이다.

오늘의 피폐함의 원인은 바로 객이 된 내가 누가 하겠지.

지금의 처절함의 원인은 종이 된 내가 누가 해주겠지 이다.

14. 인간이 되려 하면 힘은 버리는 것이다

인간들아 인간이 되려 함은 힘을 버리는 것이고

사람들아 사람이 되려 함은 돈을 나누는 것이고

주인들아 주인이 되려 함은 신을 죽이는 것이다.

인간이 되려 하면 힘을 버려야 생각이 나오고

사람이 되려 하면 돈을 버려야 기억이 나오고

주인이 되려 하면 신을 버려야 행이 나오는 것이다.

힘을 믿으면 짐승이 되는 것이고

돈을 믿으면 괴물이 되는 것이고
신을 믿으면 속물이 되는 것이다.
인간이 배우는 것은 힘을 버리기 위해서 이고
사람이 배우는 것은 서로 나누기 위해서 이고
주인이 배우는 것은 제도(양심)를 지키기 위해서 인데
안다고 힘만 믿으니 공존을 모르고
있다고 돈만 믿으니 나눔을 모르고
한다고 더를 믿으니 제도를 모르고 끌려가는 종이 되는 것이다.
있는 곳에서 돌아봐라 내가 공존을 아는지
하는 것에서 찾아봐라 내가 나눔을 아는지
가는 곳에서 다시 봐라 내가 제도에 있는지.
힘을 믿으니 끌려가는 짐승이 되어 있고
돈을 믿으니 외눈박이 괴물이 되어 있고
신을 믿으니 내가 없는 속물이 되어 있다.
이 땅은 자본주의 화려한 껍질에 끌려가는 인간들과
이 땅은 경쟁주의 달콤한 치장에 잡혀가는 사람들과
이 땅은 결과주의 짜릿한 완장에 묶여가는 주인 아닌 종들만 보인다.

15. 인간들아 따로 보지 마라

따로 보지 마라 정치와 종교를
따로 보지 마라 자본과 권력을
따로 보지 마라 노동과 주인을

따로 보지 마라 자연과 생명을.

정치는 사람의 정신을 갉아먹고

종교는 인간의 영혼을 갉아먹고

자본은 껍질의 화려한 포장을 만들고

권력은 갑질의 달콤한 치장을 만들고

노동은 세뇌시켜 끌고가는 것이고 주인은 흔들어서 잡아가는 것
이다.

자연은 생명의 바탕이 되고

생명은 공존의 바탕이 되고

우리는 서로의 바탕이 되는데

세상을 따로 보니 힘이 없어 끌려가고

세상을 둘로 보니 흔들려서 잡혀간다.

우리가 힘든 것은 따로 보고 따라가기 때문이고

모두가 힘든 것은 따라가서 따로 보기 때문이다.

너와 나 우리는 언제나 하나였고

너와 나 모두는 어디서나 하나가 되는 것인데

화려한 나만 더에 묶여서 비교를 하니 끌려가고

달콤한 너보다 내가 잡혀서 상대를 보니 잡혀가고

다르게 보니 너는 이겨야 하는 존재가 되었고

다르게 보니 나는 빼앗아야 하는 존재가 되었고

힘만 믿는 경쟁에서 누가 없는 내가 되어 사는 것이 힘든 것이고
하는 것이 힘든 것이다.

9
...

자연이 밥을 주는 것이다

01. 자연이 밥을 주는 것이다

인간의 탐욕의 끝은 어디에 있을까?

더 있다 경쟁하라. 다 있다 노력하라.

자본주의 힘의 화려한 경쟁력에 묶어 놓고 비교하니 멈출 수가 없고

결과주의 돈의 달콤한 '더 있다'에 묶어 놓고 상대를 비교하니 멈출 수가 없고 언제나 끌려가니 돌아볼 새 없고 누구나 묶여가니 다시 볼 새 없고. 인간들은 삶의 주체의 생명을 팔아먹고 객체의 화려한 껍데기에 빠져서 생명 없는 치장에다 묶여서 모두가 눈을 잃어버렸다.

껍질의 화려함에 싸여서 눈을 잃고

치장의 달콤함에 묶여서 귀를 잃고

주인 없는 객이 되어 허덕이고 있는 것이다.

자연이 밥 주고 자연이 옷 주고 자연이 다 주는데

살아있는 자연은 껍데기를 위한 파괴의 대상이 되었고

살아있는 생명은 화려한 포장을 위한 대상이 되었고

살아갈 수 없는 환경이 되어가도 멈출 수 없는 인간들은 눈 없는 귀 없는 혼 없는 시체가 되었다.

화려한 포장 뒤에 죽어가는 자연을 볼 수 없고

달콤한 치장 위에 죽어가는 생명을 볼 수 없고

짜릿한 '더 있다'에 죽어가도 느낌이 없는 인간들.

힘을 믿는 인간의 끝없는 욕심은 멈출 수도 없고

돈을 믿는 인간의 끝없는 탐욕은 줄일 수도 없다.

우리가 살아갈 바탕이 무너지고 생명이 살아갈 바탕이 재앙이 되어 돌아와도 끝없는 파괴적 개발 논리를 따로 보니 스스로 멈출 수

가 없는 것이다.

화려한 껍질에 가치를 부여하고 달콤한 상대가치에 풍선을 불어
넣고 더 있다고 노래하며 끝없는 생명을 파괴해도 탐욕의 인간들은
볼 수가 없는 시체가 되어 끌려가고 있는 것이다.

살아있는 자연이 밥을 주고 살고 있는 자연이 옷을 주는, 우리의
삶의 바탕이 되고 생명의 모태가 되고 있는 것을 문명의 이기의 화
려함에 팔아먹고 더 있다고 노래하며 끌려가는 외눈박이 괴물이 되
어 미쳤어. 날뛰고 있는 것이다.

02. 다 줄여야 모두가 산다

우리는 줄여야 살 수가 있고
모두가 줄여야 살 수가 있다
넘쳐도 잃는 것이고 부족해도 잃는 것이고
세상은 더도 덜도 없는 곳이다.
말도 줄이고 글도 줄이고
밥도 줄이고 힘도 줄이고
집도 줄이고 차도 줄이고
껍데기도 줄이고 포장지도 줄이고
완장도 줄이고 치장도 줄이고
자본주의 죽은 돈의 풍선 껍질도 줄이고 완장포장의 껍데기 치장
도 모두 줄여야 우리가 살 수 있는 것이다.
말이 길면 치장이고 글이 길면 포장지고

밥이 질면 죽이 되고 힘이 길면 누가 죽고
집이 크면 누가 없고 차가 크면 내가 없다.
더도 덜도 없는 세상 죽은 돈이 불려 대는 껍데기에
자연도 죽어가고 생명도 죽어가고 사람도 죽어간다.
줄이려 하면 더도 덜도 없는 중심이 되고
줄이려 하면 덜도 더도 없는 과정이 되고
줄이려 하면 너도 나도 주인이 되는 것이다.
내가 중심의 제도가 되면 줄일 수가 있고
내가 과정의 경계가 되면 줄일 수가 있고
내가 우리의 주인이 되면 줄일 수가 있고
줄여지면 갇힐 일도 없고 줄여지면 가둘 일도 없고
줄여지면 묶일 일도 없고 줄여지면 잡힐 일도 없어
　자연 그대로 삶이 되고 있는 그대로 앎이 되고 하는 그대로 얻게
되고 주는 그대로 받고 살면 우리가 살 수가 있는 것이다.

03. 문명의 이기의 시체들

앞만 보고 앉아 있는 누가 없는 좀비
앞만 보고 걸어가는 눈이 없는 좀비
길을 가다 헛소리하는 혼이 없는 귀신들
길을 가다 손금 보는 때가 없는 귀신들
길을 가다 춤을 추는 신이 내린 귀신들
귀를 막아 듣지 못하고 지나가는 귀신들

간혀서 볼 수가 없는 경쟁하는 귀신들

묶여서 알 수가 없는 실려 가는 귀신들

모두가 문명의 이기에 갇혀버린 귀신들만 보인다.

앞만 보니 눈이 없어 누가 없고

앞만 보고 걸어가니 말을 붙일 수도 없고

길을 가다가 헛소리하니 다가갈 수도 없고

길을 가다가 손금 보니 지나가도 몰라보고

길을 가다가 춤을 추니 신이 내렸고

귀를 막아 듣지 못하니 시체이고 네모 칸에 갇혔으니 자기만 알고
갇혀서 실려 가니 보이는 것도 없고 문명의 이기에 볼 수도 알 수도
잡을 수도 없는 시체들뿐이다.

여기를 봐도 시체뿐이고 저기를 봐도 시체뿐이고

누구나 봐도 시체가 되어버렸다.

눈이 없는 시체 귀가 없는 시체 혼이 없는 시체들

눈이 없으니 너를 볼 수도 없고

귀가 없으니 누를 알 수도 없고

혼이 없으니 생각도 할 수가 없고

잃어도 모르고 빼앗겨도 모르고 죽어도 모르는 감각도 촉각도 느
낌도 지워가는 시체들뿐이다.

알맹이를 팔아서 껍데기가 되어버린 인간들

영혼을 팔아서 포장지에 잡혀버린 인간들

너를 잃고 나를 잃고 짝도 잃었고 벗도 잃었고 생명 없는 화려한
포장에 죽어가는 달콤한 치장에 껍데기의 짜릿함에 혼을 잃어 죽어
버린 시체들뿐이다.

문명의 이기는 인간들을 생각 없는 시체를 만들어 빨아먹고 자본

주의는 죽은 돈은 생명을 죽여서 포장지에 왕질하는 것인데
　화려해서 따로 보고 따라가니 주인도 없고
　달콤해서 따로 보고 따라가니 사람도 없네.

04. 결과는 언제나 죽은 것이다

　내가 보는 것도 결과이고
　내가 듣는 것도 결과이고
　내가 잡는 것도 결과이다.
　보이는 것도 결과라서 바꿀 수가 없고
　들리는 것도 결과라서 바꿀 수가 없고
　잡히는 것도 결과라서 바꿀 수가 없다.
　그 무엇의 과정이 끝난 결과는
　그 언제나 과정이 지난 결과는
　그 누구의 과정이 끝난 결과는
　죽은 것이라서 바꿀 수가 없고 죽은 것이라서 포장만 할 뿐이다.
　과정이 없는 이 땅은 포장만 있는 이 땅은
　화려한 결과주의 익은 사회는 죽은 사회고
　달콤한 결과주의 썩은 사회는 죽은 사회다.
　세상을 바꾸려면 내가 과정의 경계가 되고
　세상을 바꾸려면 내가 중심의 경계가 되고
　세상을 바꾸려면 내가 양심의 제도가 되어야 하는 것이다.
　과정의 경계에서 원인과 결과를 보고

중심의 경계에서 너와나 우리를 보고

주인의 양심이 제도가 된다면 세상은 좋은 세상이 되는 것이다.

힘을 믿지 않는 과정 돈을 믿지 않는 중심

신을 믿지 않는 주인 균형이 힘이 되고

과정이 돈이 되고 중심이 신이 되는 제도가 있는 나라 그런 중심이 있는 나라는 오늘의 삿대질만으로 바뀔 수도 수 없고 지금 아우성만으로 바꿀 수도 없는 것이다.

세상을 바꾸려면 내가 세상의 중심이 되고

세상을 변하게 하려면 내가 과정의 제도가 되고

주인이 되려 하면 균형의 제도를 지키면 되는 것이다.

과정이 중심이면 제도가 경계가 되고 서로의 경계를 인정하면 서로가 주인 되는 민주주의가 되는 것이다.

05. 같은 것을 모르는 인간들

인간과 사람과 주인은 같은 것이고

제도와 중심과 과정은 같은 것이고

자연과 생명과 공존은 같은 것이고

나와 너 우리는 언제나 같은 것이다.

살아야 한다는 삶의 가치에

나누어야 살 수 있다는 뜻의 가치에

서로가 인정해야 하는 선의 가치에

공감하고 공유하고 공존하는 누구나 같은 가치는 인간과 사람과

주인이 기본가치가 되는 것인데
　권력이 만들어내는 화려한 힘의 가치에
　자본이 만들어주는 달콤한 돈의 가치에
　종교가 만들어내는 짜릿한 더의 가치에
　따라가니 힘을 잃고 따로 보니 돈을 잃고 잡혀가니 죽은 것이다.
　계급에 갇힌 권력의 힘은 언제나 화려하고
　경쟁에 갇힌 자본의 돈은 어디나 달콤하고
　믿음에 갇힌 종교의 더는 누구나 짜릿하여
　갇힌 것의 화려함에 눈을 잃고 따라가고
　잡힌 것의 달콤함에 귀를 잃고 끌려가고
　느낀 것의 짜릿함에 혼을 잃고 잡혀가서
　내가 없는 누가 되고 누가 없는 내가 되어 같은 것을 몰라보고
　같은 것을 외면하고 같은 것을 뿌리치니
　특별에 잃은 자는 언제나 내가 아니고
　차별에 잃은 자는 언제나 내가 아니고
　선별에 잃은 자는 언제나 내가 아니고
　별것도 아닌 것에 객기를 부리고 다른 것도 아닌 것에 호기를 부
리고 바뀐 것도 없는 것에 결기를 부리니
　세상이 우습게 보이고 생명이 우습게 보이고 사람이 우습게 보이
는 것이다.

06. 더가 없는 것이 세상이다

세상은 누가 없으면 내가 없는 곳이고
세상은 누가 없으면 내가 살 수 없는 곳이고
세상은 더도 없고 덜도 없는 곳이다.
빠른 것을 얻고 조급증을 얻었으니 더가 없는 곳이고
자본주의 화려함에 부모형제 잃었으니 더가 없는 것이고
경쟁력의 달콤함에 너를 잃었으니 더가 없다는 것이고
더 있다는 짜릿함에 나를 잃었으니 더가 없다는 것이고
다 있다는 개발논리에 죽어가는 환경이 더가 없는 것이다.
세상이란 무엇인가 잃지 않는 더가 없는 곳이고 누군가가 잃지 않
는 더가 없는 곳이다.
더 있다는 자본주의 홍단풍이 화려해서 눈을 잃어버린 것이고
경쟁하면 다 된다는 청단풍이 달콤해서 귀를 잃어버린 것이다.
너와 내가 힘든 것은 자본주의 껍질에 눈을 잃은 값이고
우리 모두 병든 것은 죽은 돈의 포장에 귀를 잃은 값이고
사는 것이 힘든 것은 내가 없는 껍질에다 사는 값이고
하는 것이 힘든 것은 누가 없는 경쟁에서 하는 값이고
노는 것이 힘든 것도 쉼이 없는 왕질에다 노는 값이다.
죽은 돈이 인간의 간사함에 비교가치로 묶어서 멈출 수없는 탐욕
을 만들어 내고 갇힌 힘이 인간의 간사함에 상대비교가치를 묶어서
탐욕 깨워 인간을 빨아먹고 자연을 빨아먹고 생명을 빨아먹고 있는
것이 자본주의이다.

07. 보이는 것은 무엇이나 값이 있다

최고의 서비스는 보이지 않는 것이고
최저의 비용은 들리지 않는 것이다.
어디서나 보이는 것은 비용이 있는 것이고
언제든지 들리는 것은 비용이 있는 것인데
누가 하는 보이는 것을 서비스라 말하고
누가 없는 왕이 되어 무조건을 팔고 있으니
누구나가 죽은 돈에 종이 되어 스스로 나서는 주인은 보이지 않고 어디나 알아서 나서는 제도(양심)가 없으니 얻어지는 것이 삿대질이다.
인간들아 주인 사는 민주주의는 왕이 없어 종이 없는 곳이고
인간들아 사람 사는 민주주의는 더가 없어 보이지 않는 곳이다.
제도를 갇힌 인간들이 만드니
사후 약방문의 특별의 치장 제도이고
법을 죽은 인간들이 만드니 생명 없는 화려한 특별법 만들고
차별의 치장 제도에 특별의 포장 제도에 화려함이 늘어가도 사람 없는 껍데기에 생명 없는 포장뿐이다.
제도는 우리가 사는 과정에서 나오는 것이고
특별은 갇힌 곳의 결과에서 나오는 것이다.
결과에 갇힌 인간들이 제도를 만드니 죽은 제도이고
죽어서 갇힌 인간들이 법을 만드니 포장에 특별의 왕만 사는 나라이니 품위유지비를 물고 있는 것이다.
보이는 것은 무엇이나 비용이 있는 것이고

들리는 것은 어디서나 비용이 있는 것이다.
비용이 없는 사회는 과정에서 제도가 나오는 것이고
불만이 없는 사회는 과정에서 법이 나오는 곳이다.
내가 살아가는 그곳이 과정이 되는 것이고
내가 살고 있는 그곳이 제도가 되는 것이고
내가 살아가는 그곳에서 중심이 되는 제도가 만들어져야 비용이
없는 사회이다.

08. 다 거꾸로 가는 나라

차를 늘이는 게 아니라 길을 줄여야 하는 것이고
왕을 만들 것이 아니라 주인을 만들어야 하는 것이고
편을 만들 것이 아니라 제도를 만들어야 하는 것이고
껍질을 만들 것이 아니라 알을 만들어야 하는 것이고
특별을 만들 것이 아니라 가치를 만들어야 하는 것이고
무리를 만들 것이 아니라 논리를 만들어야 하는 것인데
권력은 가두어서 힘을 만들고 포장을 만들고
자본은 포장해서 왕을 만들고 치장을 만들고
제도는 치장해서 서비스를 만들고
껍질을 숭배하니 양심은 사라지고
특별의 화려함에 보이는 것은 생명 없는 껍데기뿐이다.
과정 없는 지식사회 화려하게 불어주는 풍선에
주인 없는 자본주의 달콤하게 넣어주는 거품에

개인주의 왕만 사는 미친 나라에 죽어가는 비명소리에 발악하는 삿대질만 풍년이다.

다 거꾸로 가는 나라고 다 죽은 포장만 만드는 나라고 다 미쳐가는 나라고 다 썩어버린 나라이다.

10
.....

보수와 진보의 차이

01. 감나무에 달린 홍씨

보수주의자는 감나무에 감홍 씨를 떨어질 때까지 기다리자 할 것이고

진보주의자는 당장 기다리지 말고 올라가서 따야 한다고 할 것이다.

어떤 선택이 옳은 일일까. 둘 다 위험 부담은 있다.

떨어지면 깨질 위험과 올라가다 다칠 위험이.

보수라면 떨어질 때까지 기다리는 안정을 고집할 것이고

진보라면 올라가서 취하여 거두자는 진보를 택할 것이다.

보수가 기다릴 수밖에 없는 것은 실무 감각의 기능적인 능력이 없다는 것이고 진보가 나서자고 하는 것은 기능이라는 감각능력을 가지고 있기 때문이다.

보수는 언제나 수동적일 수밖에 없는 것이고

진보는 언제나 능동적일 수밖에 없는 것이다.

보수가 수동적인 것은 과정의 실무를 모르는 것이고

진보가 능동적인 것은 과정의 실무를 안다는 것이다.

세상 그 무엇이나 원인이 있고

세상은 그 어디서나 과정이 있고

그리고 따라오는 결과가 있는 것이다.

지식은 언제나 결과에 있어 보수가 될 수밖에 없고

노동은 언제나 과정에 있어 진보가 할 수밖에 없는 것이다.

이론적 지식을 가진 자가 스스로 진보라고 생각해도 진보는 될 수 없는 것이고 실무의 기능을 가진 자가 스스로 보수라고 생각해도 보수는 될 수 없는 것이다.

이론적 논리는 언제나 과정이 끝난 결과에서 나오고 기능의 감각은 언제나 실무의 행위에서 나오는 것이다.

결과는 과정이 끝난 것이라 포장될 수밖에 없는 것이고 과정은 살아있는 그대로 진행이라 포장될 수 없는 것이다.

이 땅은 지식 맹목주의고 이 나라는 보수 패권주의다.

이 땅은 과정 폐쇄주의고 이 나라는 결과 포장주의이다.

과정의 합리성이 제도가 될 수도 없고 다수의 객관성이 제도가 될 수도 없는 보수는 안정을 가장한 권력 패권주의자이고 진보는 옹호를 가장한 권력 숭배주의자이다.

자주성이 없는 보수 자존심이 없는 진보

자긍심을 잃은 보수 자발성을 잃은 진보

보수 없는 나라에 진보 없는 나라에

힘만 믿는 나라에 법이 없는 나라에

밥이 없는 나라에 참이 없는 나라다

02. 보수 없는 나라 진보 없는 나라

보수 없는 나라 보수파는 권력

진보 없는 나라 진보파는 노동

완장 고픈 보수와 포장 고픈 진보는 다른 것이 없고

다를 것이 없는 것이다.

보수는 한시적 직이라 안정을

진보는 상시적 업이라 진화를

권력에 갇혀서 보이는 것이 없는 보수는 자기들만 다 누려야 되는 보수만 탐하는 존재가 되어버렸고 자본에 묶여서 나아갈 수 없는 진보는 무리 되어 자기들만 더 누려야 하는 퇴보한 진보가 되어버렸다.

어느 쪽을 봐도 양심이 있는 보수 같은 인간들이 없고

어느 곳을 봐도 중심이 있는 진보적인 인간들이 없는 것이다.

패권주의 힘만 믿는 권력 패거리들과 자본주의 돈만 믿는 무리가 되어버린 것이다.

이 땅에 남은 것이 없어도 보수는 보수 팔이가 되었고

이 땅에 우리 것이 없어도 진보는 진보 팔이가 되어버렸다.

보수는 안정을 팔아서 갇혀서 썩어버렸고

진보는 진보를 팔아서 갇혀서 죽어버렸다.

참 좋은 이 땅의 보수는 미친(미국이 친한) 인간들이고 더 좋은 이 땅의 진보는 퇴보한 갇힌 인간들이다.

03. 내가 변하면 세상은 변한다

누구나 하는 말 이 땅은 변해야 산다.

언제나 하는 말 이 땅은 줄여야 한다.

누구나 하는 말 이 땅은 바뀌어야 한다.

언제나 하는 말 내가 힘이 없는데

세상은 그런 곳이다.

세상은 내가 먼저 변해야 세상이 변하고

세상은 내가 먼저 줄여야 세상이 줄고

세상은 내가 먼저 바뀌어야 세상은 바뀌는 곳이다.

이 땅은 구조적인 문제는 내가 바뀌어야 변할 수가 있다.

주인이 되어야 스스로 하니 줄일수 있고

사람이 되어야 너를 담을 수 있어 바꿀 수가 있고

우리가 되고 서로가 되어야 이 땅이 힘 있는 나라로 변하는 것이다.

오늘 사는 것이 힘이 들면 변해야 사는 것이고 지금 하는 것이 힘이 들면 바뀌어야 살 수가 있는 것이다.

있는 곳에서 나눌 수가 있어야 더불어 살 수 있는 것이고

하는 것에서 버릴 수가 있어야 함께 공존할 수 있는 것이고 가는 곳에서 지킬 수가 있어야 서로가 믿을 수가 있는 것이다.

세상은 언제나 있는 그곳에 있는 것이고

시간은 언제나 하는 그곳에 있는 것이고

세월은 언제나 가는 그곳에 있는 것이다.

그곳이 과정이 되는 것이고 그곳이 중심이 되는 것이고

그곳이 제도가 시작되는 것이다.

우리의 문제는 오늘 지금 여기에 있는 것이고

모두의 문제는 서로의 과정에 있는 것이고

이 땅의 문제는 제도의 중심에 내가 있는 것이다.

멀리 보지 마라. 제도는 내 안에 양심이 되는 것이고

높이 보지 마라. 제도는 서로의 과정에 있는 것이다.

04. 우리는 아직은 멀었다

할아버지가 엄마가 되고 군인이 여자가 되고
아비가 엄마가 되고 남자가 미용을 하고
세상은 그렇게 변하고 세월은 그렇게 가는 것이다.
개념화 시킨 것은 죽은 것이라 변할 수 없는 것이고 변할 수 없는
논리는 바뀔 수가 없어 죽은 것이다.
너와 나 우리의 개념 속에는 언제나 힘이 지배를 하고 모두의 일
상의 관념 속에는 죽은 돈이 지배를 하고 있는데
세상을 바꾸자 삿대질해봐야 변할 것이 없는 것이고
세상을 바꾸자 아우성쳐봐야 변할 수가 없는 것이다.
개념화된 갇힌 논리는 생명이 없어 변할 수가 없고
고정화된 죽은 개념은 변할 수가 없어 죽은 것이다.
이 땅은 갇혀서 배운 논리가 손을 묶고 이 나라는 달콤한 지식이
발을 묶어서 썩어도 나설 수가 없고 죽어도 나설 수가 없는 것이다.
정치는 배운 사람이 한다는 고정관념의 틀에 갇혀버렸고
행정은 갇힌 사람이 한다는 갇힌 개념의 칸에 갇혀버려서
갇혀서 스스로 깨어날 수 없어 자발성을 잃었고 죽어서 알아서
바꾸려는 자발성이 없어 죽어버린 것이다.
모두가 갇히려고만 하는 가치 없는 이 땅은 아직은 멀었고
누구나 갇히려고만 하는 가치 없는 이 땅은 아직은 멀었다.

05. 의식은 절대 변하지 않는다

의식 사고는 절대 변하지 않는 것이다.

사람은 누구나 입는 대로 먹는 대로 생각하는 것이다.

따뜻한 포근함은 떨고 있는 자를 돌아볼 수가 없고

배부른 자는 굶주린 자의 고달픔을 알 수가 없고

모름지기 인간이란 입는 대로 먹는 대로 사는 대로 생각하는 것
이다.

누리면 더 누리고 싶고 가지면 더 가지고 싶고 갇히면 죽어서 생
각도 갇히고 열리면 살아서 생각도 열리고 갇히면 더 누리려고 치장
을 하는 것이고 죽으면 더 가지려고 포장을 하는 것이다.

권력에 갇혀서 과정을 모르니 화려하게 치장을 하고

결과에 죽어서 살은 걸 모르니 달콤하게 포장을 하고

열린 놈은 화려함에 눈을 잃고 따라가니 썩는 것이고

살은 놈은 달콤함에 귀를 잃고 따로 보니 죽는 것이다.

이 땅은 아직도 패권주의 화려함에 자기편을 모르고

우리는 아직도 경쟁력의 달콤함에 자기편을 모른다.

국민 팔아 다 누리는 인간들은

애국 팔아 더 누리는 인간들은

아직도 이 땅의 밥을 모르니 밥이 없고

썩어도 이 땅의 참을 모르니 참이 없고

죽어도 이 땅의 알을 모르니 죽어가는 것이다.

06. 사대주의 미친 나라

간힌 인간들은 힘만 믿고 패권주의 사대하고
열린 인간들은 돈만 믿고 같이 없는 경쟁하고
죽은 인간들은 힘만 믿고 경쟁력에 미쳐가고 살은 인간들은 돈만
믿고 '더 있다'에 죽어간다.
화려하게 높아지는 빌딩 속에 죽어가는 생명들은
달콤하게 들려지는 자존심 팔고 얻어지는 저 가치는
짜릿하게 잡혀지는 헛웃음에 얻어지는 이 느낌은
그 무엇을 빼앗음에 얻음이고 그 누구의 죽음 후의 받음인데
인간들아 따로 보니 화려하고 따로 아니 달콤하지
인간들아 사는 것이 힘든 것은 따로 보는 그 값이고
인간들아 하는 것이 힘든 것은 따라가는 그 값이다.
세상은 따로인 게 없는 곳이고
세상은 따라가서 얻을 것이 없는 곳이다.
간힌 인간들이 불러주는 힘의 노래는 언제나 화려하고
죽은 인간들이 불러주는 돈의 노래는 어디서나 달콤해서
열린 인간들을 가두고 살은 인간들을 가두는 것이다.

07. 답이 없는 나라

언제나 힘만 믿으니 법이 없고
누구나 돈만 믿으니 참이 없고
어디나 더만 믿으니 누가 없다.
언제나 패권주의 힘에 끌려가고
누구나 자본주의 돈에 팔려가고
언제나 경쟁력의 더에 잡혀가고 있는 것이다.
끌려가니 돌아볼 수가 없고
팔려가니 다시 볼 수도 없고
잡혀가니 찾아볼 수도 없는 것이다.
힘만 믿는 갇힌 인간들의 노래는 언제나 미친(미국 친한) 소리고
돈만 믿는 죽은 인간들의 노래는 어디나 미친 소리고
더만 믿는 있는 인간들의 노래는 누구나 미친 소린데.
잃어도 바로 알려고 하는 인간이 없고 빼앗겨도 다시 찾으려는 주
인이 없고 죽어도 따로 보니 끌려가는 짐승들만 보이는 것이다.
언제나 힘에 갇힌 죽은 나라에
누구나 돈에 죽은 갇힌 나라에
어디나 더에 미친 없는 나라에
썩어서 냄새가 하늘을 찌르고 죽어서 포장의 껍질만 보이는 것이다.
법은 힘센 놈의 고무줄이고
돈은 나쁜 놈의 사치품이고
없는 놈이 힘을 믿고 잃은 놈이 돈만 믿으니
참도 없고 밥도 없고 답이 없이 죽어가는 것이다.

11
.....

가마꾼의 헛소리

01. 가마꾼의 헛소리

어두운 밤 힘 쓴 죄로 교육은 새끼 가둬놓고 빨아가고
내 뜻 없이 나온 죄로 병원은 어매 묶어놓고 빨아가고
첫 닭 울고 집 나서고 이슬 맞고 들어와도 남은 것이 없고 잡은 것
도 없는데
움켜쥐니 끌려와서 세상에서 엿을 먹고
묶여지니 잡혀 와서 세월에서 병을 먹고
오늘 하루가 버겁고 다가올 내일이 무서워도
잡은 것을 놓지 못해 묶은 것을 풀지 못해
끌려가니 사는 것이 힘이 들고 잡혀가니 하는 것이 고달프고
산다는 것은 어두운 밤 힘 쓴 죗값이고
한다는 것은 내 뜻 없이 나온 죗값일세.

02. 인생 뭐 있소

놀아도 세 끼 일해도 세 끼 없어도 세 끼
입어도 세 벌 벗어도 세 벌 없어도 세 벌
잠자도 세 평 죽어도 세 평 놀아도 세 평
인생 뭐 있소.
오늘 일은 어제 남은 일이고
오늘 밥은 어제 남은 밥이고

오늘 잠은 어제 남은 잠이요.

잡아 놓아도 뿌리치고 가는 시간

묶어 놓아도 흔적 없이 가는 세월

매여 놓아도 소리 없이 가는 세상

인생 뭐 있소.

잡으니 끌려가고 묶으니 잡혀가고 기를 쓰니 실려 가는 것이요.

사는 것이 힘든 것도 놓지 못해 힘든 것이고

하는 것이 힘든 것도 놓지 못해 힘든 것이고

노는 것이 힘든 것도 놓지 못해 힘든 것이 아니요.

인생 별것이 없소.

잘사는 놈 욕도 그만큼 먹고

잘먹는 놈 똥도 그만큼 싸고

잘하는 놈 힘도 그만큼 드는 것이요.

인생이 뭐 있소.

인생은 그냥 한순간의 착각일 뿐인데 누가 보는 내 껍데기에 허덕이다 주인 없는 객이 되어 힘 빠지면 가는 것이 인생이요.

03. 산다는 것은 착각이다

산다는 것은 무엇이고

한다는 것은 무엇이요.

간다는 것은 무엇이고

있다는 것은 무엇이요.

산다는 것은 고픔이고
한다는 것은 허상이고
간다는 것은 환상이고
있다는 것은 망상인데
고픔에 움켜쥐고 허상에 잡아매고
환상에 묶여지고 망상에 옭아 매여
끌려가니 볼 수 없고 잡혀가니 알 수 없고
묶여가니 할 수 없고 엮여지니 쉴 수 없고
누가 보는 껍데기에 나를 잡아 놓고
부질없는 포장에다 오늘도 내가 없는 객이 되어 허덕이네.

04. 수치를 아는 것이 인간이다

인간이 인간인 것은 수치를 아는 것이고
사람이 사람인 것은 염치가 있는 것이고
주인이 주인인 것은 가치를 아는 것이다.
패권주의 죽이는 힘이 화려했어. 수치를 잃었고
자본주의 죽이는 돈이 달콤했어. 염치를 잃었고
결과주의 죽은 후 신이 짜릿했어. 가치를 잃었다.
힘을 버려야 인간이 되는 것인데
돈을 버려야 사람이 되는 것인데
신을 버려야 주인이 되는 것인데
누구나 힘을 믿으니 더 센 힘에 끌려가고

언제나 돈을 믿으니 더 센 돈에 잡혀가고
어디나 더를 믿으니 더 센 더에 묶여서 죽어가는 것이다.
보이는 힘이 화려해서 경쟁력에 끌려가고 들리는 돈이 달콤해서
'더 있다'에 썩어가고 잡히는 더가 짜릿해서 '나만 더'에 죽어가는
것이다.

자본주의 포장주의 화려해서 수치를 잃어버린 인간에
경쟁주의 패권주의 달콤해서 염치를 잃어버린 사람에
결과주의 껍질주의 짜릿해서 가치를 잃어버린 주인에
보이는 것은 외눈박이 괴물만 보이고
들리는 것은 아귀들의 비명만 들리고
잡히는 것은 죽어버린 껍질만 잡히고
누구를 봐도 수치를 잃어버린 인간과
어디를 봐도 염치를 잃어버린 사람과
언제나 봐도 가치를 잃어버린 주인 없는 객들만 보이니
보이는 아귀다툼에 들리는 비명에 날리는 깃발만 보인다.

05. 모두가 갇혀버린 세상

인간이 문명의 이기에 갇혔으니
힘만 믿는 생각이 없는 짐승이 되어버렸고
인간이 편리성의 이기에 잡혔으니
돈만 믿고 기억이 없는 괴물이 되어버렸고
인간이 '나만 더'에 묶였으니

혼이 없는 고민이 없는 속물이 되어버렸다.
결과주의 화려함에 눈이 없는 짐승이 되어버렸고
경쟁주의 달콤함에 귀가 없는 괴물이 되어버렸고
숭배주의 짜릿함에 혼이 없는 속물이 되어버렸다.
화려함의 힘을 믿어 돌아볼 수도 없고
달콤함의 돈을 믿어 다시 볼 수도 없고
짜릿함의 더를 믿어 찾아볼 수도 없어
끌려가는 짐승들의 울부짖음과 잡혀가는 괴물들의 아비규환이다.
생명 없는 껍데기의 화려함에 갇혀버린 나라
감각 없는 치장지의 달콤함에 미쳐버린 나라
모두가 문명 이기의 짜릿함에 죽어버린 나라
보이는 것은 눈이 없는 시체들이고
들리는 것은 귀가 없는 좀비들이고
잡히는 것은 혼이 없는 포장뿐이다.

06. 이 땅은 아직은 멀었소

이 땅은 멀었소. 아직은 멀었소.
이 땅은 죽었소. 오늘은 죽었소.
이 땅은 답 없소. 지금은 답 없소.
법이 없는 나라에 참이 없는 나라에
과정 없는 나라에 중심 없는 나라에
주인 없는 나라에 노동 없는 나라에

지킬 놈도 없고 바꿀 놈도 없고
고칠 놈도 없고 줄일 일도 없고
변할 수도 없고 다를 수도 없소.
권력에 갇힌 인간들이 고여서 썩어도
책상에 죽은 인간들이 갇혀서 썩어도
먹물에 죽은 인간들이 묶여서 썩어도
주인이 없으니 따질 수가 없고
사람이 없으니 대들 수가 없고
노동이 없으니 뿌려야 할 소금이 없소.
보이는 화려함은 뿌리 없는 갑질이고
들리는 달콤함은 줄기 없는 껍질이고
잡히는 짜릿함은 생명 없는 죽음이다.
과정이 없으니 썩어도 모르고
주인이 없으니 죽어도 모르고
노동이 없으니 고칠 줄 모르고
배웠다고 말하는 철이 지난 지식은
잘 안다고 말하는 과정 끝난 지식은
다 안다고 말하는 책상 위의 결과는
오늘을 모르고 지금을 모르고
여기를 모르고 살은 걸 모르니
결과의 죽은 것에 포장지만 만들고
껍질의 죽은 것에 치장지만 만들어서 이 땅을 죽이니
아직은 멀었소. 이 땅은 멀었소.
아직은 멀었소. 지금은 멀었소.
아직은 아니요. 오늘은 답 없소.

07. 힘을 믿지 마라

힘을 믿지 마라. 힘은 내가 볼 환상이고
돈을 믿지 마라. 돈은 내가 할 망상이고
더를 믿지 마라. 더는 내가 갈 허상이다.
신을 믿으면 오늘에서 내가 없고
힘을 믿으면 지금에서 내가 없고
더를 믿으면 여기에서 내가 없다.
힘은 나의 행을 잡아 놓고 끌고 가니 힘이 들고
돈은 나를 종에 묶어 놓고 끌고 가니 고달프고
더는 나를 힘에 엮어 놓고 끌고 가니 허덕인다.
신을 믿으면 자신이 없어 얻을 것이 없는 것이고
힘을 믿으면 종이 되어 받을 것이 없는 것이고
더를 믿으면 여유 없어 남을 것이 없는 것이다.

08. 행이 없는 삿대질은 하늘을 찌른다

어디서나 자발성은 하늘을 찌르고
언제든지 자발성은 바다를 덮고
누구든지 행이 없는 자발성은 넘친다.
보여지는 결과에 저 놈은 나쁜 놈이고
들려지는 결과에 저 놈은 죽일 놈인데

나쁜 놈도 갈라주면 힘이 있으니 그래도 되고
죽일 놈도 쪼개주면 돈이 있는데 그럴 수 있지
자발성의 삿대질은 나쁜 놈의 공범이 되고
자존심의 아우성은 죽일 놈의 면죄부를 주는 공동정범이 되는 것
이다.
나는 절대 아니라고 해도 내가 행함의 주인이 아니면
나는 아무리 아니라고 해도 내가 따지는 주인이 아니면
지옥의 단상의 괴물이 되는 것이다.
이곳에서 나는 독립적 객체가 될 수가 없는 것인데
누가 해주겠지 힘이 없는데 어쩌겠나.
내가 아니라도 할 사람들 많은데 어떻게 되겠지.
누가 해도 하겠지 먹고살기도 힘든데.
내가 하는 자발성의 삿대질만큼 행함이 되고
내가 하는 자발성의 아우성만큼 실행이 되면
세상을 바꾸는 힘이 되고 세상을 변하게 하는 동력이 되는데
나는 아니고 너는 해야 되고
나는 못하고 누는 해야 되고
세상은 내가 사는 곳이지 누만 사는 곳도 아니고
세상은 내가 하는 곳이지 누만 하는 곳도 아닌데
누가 찾는 종이 되니 달라질 것이 없고
기회 찾는 내가 되니 바꿀 일도 없지.
세상은 그냥 줄 놈이 없는데 인간들아 그냥 그대로 살고 그냥 죽
은 듯이 살아라.
죽은 돈에 종이 되고 죽은 힘에 졸이 되어 법이 없는 나라에 종
이 되어 살아라.

09. 나쁜 놈이 잘사는 나라

죽은 돈이 왕질하는 자본패권주의
갇힌 힘이 갑질하는 권력패권주의
나쁜 놈이 잘사는 법이 없는 나라에
못된 놈이 잘사는 참이 없는 나라에
죽은 놈이나 갇힌 놈이나 갇힌 놈이나 미친 놈이나
따로 보면 죽고 따라가면 잃는 것이다.
바보상자 죽은 놈이 화려하게 갈라주면 따로 보고
네모상자 갇힌 놈이 달콤하게 갈라주면 따로 보고
죽은 놈의 포장 노래 갈라주면 따라가는 생각 없는 인간들과
갇힌 놈의 치장 노래 불러주면 따로 보는 기억 없는 인간들이
자기편도 모르고 지 할 짓도 모르니
오늘은 내일이고 지금은 그날이겠지
인간들아 보는 것만 보지 말고 생각 좀 하고
인간들아 듣는 것만 듣지 말고 기억 좀 해라.
내가 사는 것이 힘든 것은 죽은 돈을 따라간 값이고
내가 하는 것이 힘든 것도 갇힌 힘을 따라간 값이다.
죽은 놈이 갈라주는 그 무엇도 결과주의 포장이고
갇힌 놈이 갈라주는 그 무엇도 껍데기의 치장이다.
있는 데서 생각하고 하는 것에 고민하고 가는 것에 숙고해봐라.
지금 오늘 여기에서 나는 이 땅의 무엇인지
오늘 그 무엇이 나를 돈들게 하는지
지금 그 누가 나를 힘들게 하는지

안 보이면 돌아보고 덜 보이면 다시 보고
안 들리면 돈을 빼고 덜 들리면 힘을 빼고
돈을 빼면 내가 보이고 힘을 빼면 누군가 보이고
내가 보이면 잡아 줄 내가 있고
누군가 보이면 세워 줄 누가 있고
너와 내가 하나 되면 왕이 없는 주인 사는 나라이다.

10. 답이 없는 껍질뿐인 나라

보면 답이 없고 알면 참이 없고
하면 네가 없고 가면 누가 없고
보이는 것 화려해도 포장뿐이고 들리는 것 달콤해도 완장뿐이다.
하는 것이 짜릿해도 끌려가는 종이고
가는 곳에 누가 없는 개인주의 왕이고
뿌리 없는 자본주의 알고 보면 패권주의
누가 없는 경쟁주의 네가 없는 개인주의
화려함에 눈을 잃고 달콤함에 귀를 잃고
짜릿함에 혼을 잃고 왕이 되어 춤을 추네.
인간들아 세상은 공짜가 없어.
사람들아 세상은 놀지를 않아.
인간들아 돌아봐라. 지나 온 길
사람들아 다시 봐라. 남은 것이 있는지
변하지 않는 이 땅 변할 수 없는 이 나라는

갇힌 놈은 썩어서 완장 맛에 양심을 잃고 죽은 놈은 죽어도 더 갖겠다고 미쳐 날뛰니 우리 것이 없고 남은 것이 없다.

물은 양놈 숭늉이고 밥은 양놈 밀가루고

글은 양놈 글이고 잠은 쪽잠이고

병은 양놈 칼이고 발은 나홀로이고

새끼는 부모 등골 빼서 많이 배워 백수고

부모는 비정규직 계급에 끌려가는 종이고

할머니는 병원 줄에 코가 꿰여 갈 때를 모르니

법 없는 놈의 천국에 밥 없는 놈의 지옥에

힘 있는 놈의 천국에 돈 없는 놈의 지옥에

보이는 것은 삿대질에 들리는 것은 비명 소리

날리는 것은 펄럭이는 거짓 깃발에 열리는 것은 미친(미국 친한) 놈의 빨간 깃발뿐이다.

11. 내가 아는 것은 다 껍질이다

안다고 하지 마라. 과정지난 결과이고

있다고 하지 마라. 스쳐가는 무엇이고

좋다고 하지 마라. 누군가의 잃음이고

많다고 하지 마라. 누가 보는 껍질이고

원망도 하지 마라. 내가 힘든 배움이고

절망도 하지 마라. 내가 나설 출발이다.

세상은 지나가는 것이고 세월은 스쳐가는 것이다.

안다고 힘을 주면 누가 보이지 않고
있다고 힘을 주면 내가 보이지 않고
좋다고 춤을 추면 잃은 누를 볼 수 없고
많다고 노래해도 넘쳐지면 잃는 것이고
원망의 삿대질할 때 지나온 길 돌아보고
절망의 아우성칠 때 너를 아는 과정이다.
세상은 더가 없고 세상은 공짜가 없는 곳이다.
스쳐가는 세상에 지나가는 세월에
쉬지 않는 세상에 놀지 않는 세월에
안다고 움켜지니 잡혀져서 끌려가고
있다고 움켜지니 묶여져서 잡혀가고
좋다고 춤을 추니 잃은 누를 볼 수 없고
많다고 힘을 주니 지나가도 알 수 없어
누군가의 원망 소리는 내가 없는 따로 보고
어디에나 절망해도 내가 아닌 따로이니
이 땅은 생명을 잃어가고 이 땅은 소리 없이 죽어간다.
있는 데서 돌아보고 하는 데서 낮춰봐라.
저항하는 생명들의 그 모습이 내 모습이고
죽어가는 목숨들의 처절함이 이 나라의 모습이다.

12. 나인 나로 살고 싶다

사는 데서 알이 되는 삶을 살고 싶고

있는 데서 참이 되는 삶을 살고 싶고
하는 데서 덕이 되는 삶을 살고 싶고
가는 데서 선이 되는 삶을 살고 싶고
노는 데서 주인 되는 삶을 살고 싶은데
열린 곳에 살은 곳에 살은 곳에 열린 곳에
낮은 곳에 사는 사람 주인 되어 사는 노동자는
선잠에 집을 나와서 초밥에 밥 말아먹고
보는 대로 헛소리하고 듣는 대로 참소리하니
까칠해서 벗이 없고 투박하니 누가 없네.
보이는 것은 그 무엇은 껍질이고
들리는 것은 그 누구의 포장이다.
포장으로도 살지 말고 치장으로도 살지 말고 껍질로도 살지 마라.
알로 살면 나로 살고 까칠하면 나로 살고 포장 없는 나로 살면
사는 것이 쉬울 것이고 하는 것이 좋을 것인데
껍데기로 살다 보니 내가 없는 누가 되어 사는 것이 고달프네.

13. 바람처럼 구름처럼 가는 세월

묶여도 보았소. 잡아도 보았소.
당겨도 보았소. 놓아도 보았소.
묶어도 도망가고 잡아도 뿌리치고
당겨도 그냥 가고 놓아도 끌고 가는
바람처럼 오는 세월구름처럼 가는 세월

용을 쓴들 무엇하고 기를 쓴들 무엇 하오.
묶은 것도 사라지니 바람이고
잡은 것도 지나가니 구름이요.
보아도 못본 듯이 들어도 모른 듯이
잡아도 없는 듯이 묶어도 아닌 듯이
화려함에 묶여가서 중심 잃지 말고
달콤함에 잡혀가서 흔들리지 않고
편이 없는 누가 되고 적이 없는 누가 되면
세상은 내 것이고 세월은 내 것이요.
아무리 많은 놈도 막을 수 없어 오는 세월
어차피 있는 놈도 잡을 수 없는 가는 세월.
그날을 희망 삼고 그곳을 뜻을 삼아 가다 보면
편이 되고 우리 되어 살다 보면 힘이 되어 하나 되면
네가 있는 사람 사는 그런 나라 내가 사는 주인 사는 이 땅이 되
겠지요.
삿대질할 힘 있으면 다시 한 번 생각하고
아우성칠 힘 있으면 다시 한 번 돌아보소.
여기가 어딘지 사람이 있는지
지금이 어떤지 주인이 사는지.
내가 사람처럼 살면 사람 사는 나라고
내가 주인처럼 살면 주인 사는 나라요.

14. 삿대질한다고 세상은 변하지 않는다

인간들아 삿대질도 하지 마라.

사람들아 게거품도 물지 마라.

보이는 것은 결과이고 과정이 지난 결과는 죽은 것이라서

삿대질한다고 게거품 문다고 바뀔 것도 없는 것이다.

바뀔 것이 없고 변할 게 없는데 손을 흔들어봐야 힘만 들고 소리

쳐봐야 목만 아픈 것이다.

손 흔들 힘 있으면 힘 빼고 소리칠 힘 있으면 더 빼고 돌아보고

다시 보고 힘을 빼라.

그곳이 과정이 되고 그곳에 네가 중심의 주인이 되는 바탕의 본질

이다.

내가 이 땅의 본질이 되고 내가 이 나라의 본질의 바탕이 되면

그곳이 사람 사는 나라고 그곳이 주인 사는 나라인데

화려한 자본주의 경쟁력이 생명의 환경을 빨아먹었고

달콤한 결과주의 치장이 인간의 자존심을 팔아먹었고

껍데기에 갇혀버린 양심 잃은 괴물들이 아귀 되어

이 땅을 빨아먹어버렸다.

힘을 빼고 돌아보고 돈을 빼고 돌아보고 더를 빼고 돌아봐라.

힘만 믿어 눈이 없는 괴물이 되었고

돈만 믿어 귀가 없는 아귀가 되었고

더만 믿어 내가 없는 지옥이 되어버린 것이다.

이 땅이 지옥인 것은 바로 내가 믿는 힘이 되고

이 땅이 감옥인 것은 바로 내가 믿는 돈이 되고

이 땅이 죽은 것은 바로 내가 믿는 더의 경쟁이다.
보이는 것에 삿대질하지 말고
들리는 것에 게거품 물지 말고
보는 것이 있으면 생각을 하고
들리는 것이 있으면 기억을 하고
잡히는 것이 있으면 나를 돌아봐라.
내가 지금 어디에서 무엇을 믿고 사는지
내가 지금 누구를 위해 무엇을 믿고 사는지
내가 믿고 사는 힘이 누가 보는 포장의 껍질이고
내가 믿고 사는 돈이 누가 없는 죽은 포장이라는 것이 보일 것이다.

15. 산다는 건 무엇이요

산다는 건 무엇이고 사는 것은 무엇이요.
나는 어디서 왔고 나는 어디로 가나.
묶은 것도 없는데 잡은 것도 없는데
사는 것이 힘이 들고 하는 것이 고달프고
산다는 건 무엇이고 사는 것은 무엇이요.
보아도 그 길이고 들어도 그 소리고
잡아도 그 일이고 먹어도 그 밥인데
나는 지금 어디쯤 가고 나는 오늘의 어디쯤에 있나.
껍질에 흔들리고 포장에 넘어져도
세워줄 누가 없고 받쳐줄 내가 없고

껍질에다 용을 쓰니 알이 없어 내가 없고
포장에다 기를 쓰니 답이 없어 내가 없고
묶은 것도 없는데 나는 어디로 가고
잡은 것도 없는데 나는 어디로 갔나.
산다는 건 무엇이고 사는 것은 무엇이요.
나 없는 내가 되어 살아도 잡은 것이 없고
누 없는 나로 살아도 묶은 것도 없는데
살아온 것은 무엇이며 살아갈 것은 무엇이요.

12
.....

세상은 내 안에 있는 것이다

01. 세상은 내 안에 있는 것이다

세상은 아니라 해도 아닌 것도 없고
세상은 기라 해도 긴 것도 없는 것이다.
아무리 아니라 해도 지난 것은 누가 봐도 봤을 것이고
기라고 해도 오지 않은 것은 보지 못했으니 기일 수가 없고
아니라고 하는 놈도 자기 안에 양심에는 있고
기라고 하는 놈도 자기 밖에 있으니 본심이 아니고
세상은 그런 곳이다.
스쳐가니 언제나 내 안에 있고
지나가니 어디나 내 안에 있고
사라지니 누구나 내 안에 있는 것이다.
세상은 꺼내 볼 수 있는 내 안에 돌아볼 수 있는 내 안에
찾아볼 수 있는 내 안에 있는 것이다.
아닌 것도 내 안에 양심에는 있는 것이고
긴 것도 내 안에 본심에는 없는 것이고
세상은 언제나 내 안에 중심에 있는 것이고
세상은 어디나 내 안의 과정에 있는 것이고
세상은 누구나 내 안의 본심에 있는 것이다.
그곳이 변하지 않는 태산이고
그곳이 더불어 사는 강물이고
그곳이 우리가 사는 세상이다.

02. 세상은 나쁜 놈이 선생이요

힘이 든 뒤를 돌아보면 뿌듯함이 보이고
돈이 든 뒤를 돌아보면 아쉬움이 보이고
정이 든 뒤를 돌아보면 미련만이 보이는 것이다.
힘든 일을 하고 나면 얻은 것이 정신이고
돈 든 일을 하고 나면 받은 것이 껍질이고
정든 일을 하고 나면 나눈 것이 부족한 것이다.
세상은 그런 곳이고 세상은 그런 것이다.
나쁜 놈이 선생이고 힘든 놈이 제자이고
나쁜 놈이 가르치고 힘든 놈이 얻어가고
힘들어도 하다 보면 느낀 것이 자산이 되는 것이다.
세상을 절대 공짜가 없는 곳이다.
누구를 원망도 말고 누구를 탓하지도 마라.
세상은 더도 없고 세상은 덜도 없는 곳이니
육신이 고달프면 정신을 얻을 것이고
정신이 힘이 들면 육신이 편안할 것이다.
내가 해서 힘든 일은 누가 해도 힘이 들고
누가 해서 힘이 들면 내가 해도 힘이 들고
내가 해서 좋은 일은 누가 해도 좋은 일이니
힘든 일은 내가 해야 하는 일이라 생각하고
좋은 일은 누가 하면 더 좋은 일이라 생각하면
세상일에 미룰 일이 없어 좋은 세상 되고 다툴 일이 없어 좋아질
것이다.

03. 세상은 절대 더가 없는 곳이다

인간들아 돈을 믿지 마라.

사람들아 힘을 믿지 마라.

주인들아 더를 믿지 마라.

내가 인간이 되면 누가 있어 돈이 되고

내가 사람이 되면 누가 있어 힘이 되고

내가 주인이 되면 행이 되어 더가 된다.

돈에 끌려가니 내가 종이 되고 힘에 묶여가니 내가 졸이 되고 더에 잡혀가니 내가 없는 것이다.

세상은 그런 곳이다.

내가 돈을 믿지 말아야 인간같이 사는 세상이 되고

내가 힘을 믿지 말아야 사람같이 사는 세상이 되고

내가 더를 믿지 말아야 주인같이 사는 세상이 되는 것이다.

누구나 같은 인간이 어디나 같은 생명이 언제나 같은 우리가

돈만 믿으니 인간이 될 수 없는 것이고

힘만 믿으니 사람이 될 수 없는 것이고

더만 믿으니 주인이 될 수 없는 것이다.

인간이 돈을 섬기니 괴물이 되어버렸고

사람이 힘을 숭배하니 짐승이 되어버렸고

주인이 더만 찾으니 노예가 되어버렸다.

인간이 사는 나라는 돈을 버리는 곳이고

사람이 사는 나라는 힘을 버리는 곳이고

주인이 사는 나라는 더를 버리는 곳이다.

내가 돈에 끌려가니 인간사는 세상이 아니고
내가 힘에 잡혀가니 사람 사는 세상이 아니고
내가 더에 묶여가니 주인 사는 세상이 아니다
있는 데서 돌아봐라 여유가 있는지.
하는 데서 다시 봐라 행복이 있는지.
가는 데서 찾아봐라 사랑이 있는지.
내가 돈에 끌려가니 돌아볼 수 없어 돈이 들고
내가 힘에 묶여가니 다시 볼 수 없어 힘이 들고
내가 더에 잡혀가니 찾아 볼 수 없어 고달픈 것이다.

04. 내가 가면 길이다

길이 없으면 내가 가면 길이 되고
말이 없으면 내가 하면 말이 되고
법이 없으면 내가 지키면 법이 되고
힘이 없으면 나와 네가 우리 하나가 되는 것이다.
나의 자발성이 길이 되고
나의 자존심이 말이 되고
나의 자긍심이 법이 되고
나의 나눔이 우리가 되면
너와 나의 나아갈 길이 되고
너와 나의 살아갈 말이 되고
너와 나의 공존의 법이 되고

우리 모두 함께 누리는 힘이 되는 것이다.

힘을 버리면 길이 보이고

돈을 버리면 말이 보이고

더를 버리면 법이 보이고

주인이 되면 힘이 없고 사람이 되면 돈이 없고 더를 버리면 서로
의 법이 되는 것이다.

세상의 길도 내 안에 있고

세상의 힘도 내 안에 있고

세상의 법도 내 안에 있는 것이다.

내가 가는 길에서 지키고

내가 하는 말에서 지키고

내가 하는 행에서 지키면

서로는 공존함의 제도(양심)가 되는 것이다.

05. 세상의 이치를 알아라

세상의 이치를 알면 마음이 열리고 마음이 열리면 제도가 보이고
제도가 보이면 우리가 보이고 우리가 보이면 서로가 되는 것이고 너
와 나 서로에 우리가 보이면 모두가 주인이 되는 것인데

세상의 이치를 모르니 변할 수 없는 것이고

세상의 섭리를 모르니 잡으려고 용을 쓰고

세상의 법칙을 모르니 끌려가는 종이 되고

스쳐지나가는 것을 더 가지겠다고 움켜쥐니 잡혀가는 졸이 되는

것이다.

　주인 아닌 객이 되어 흔들리는 삿대질에

　사람 아닌 충이 되어 듣는 대로 악다구니에

　자본주의 화려한 홍단풍에 눈이 부셔 볼 수도 없고

　경쟁력의 달콤한 꿀단풍에 귀가 멀어 알 수도 없고

　더 있다는 짜릿한 청단풍에 혼이 없이 따라가네.

　보이는 것은 누가 보니 껍질이고

　들리는 것은 누가 아니 치장인데

　누가 보는 포장만 움켜쥐니 내가 없어 사는 것이 힘이 들고

　누가 보는 완장만 숭배하니 내가 없어 하는 것이 고달프지.

　세상은 어차피 잡아도 지나가는 망상이고

　세월은 아무리 묶어도 스쳐가는 환상인데

　지나가는 망상에다 나를 묶어놓고 끌려가니 사는 것이 고달프고 스쳐가는 환상에다 나를 잡아매어 잡혀가니 하는 것이 고달픈 것이다.

06. 오늘도 어제 그 자리

　오늘도 어제 그 자리 지금도 어제 그 시간인데

　다른 날인 양 다른 시간인 양 착각하고 따라가고 눈을 잃고 쫓아간다.

　자본주의 화려한 경쟁력에 중심 없는 내가 되니

　사는 것이 힘이 들고

　결과주의 달콤한 더 있다에 본심 없는 내가 되니

하는 것이 고달프고

어제 그곳에서 어제 그 시간에서 돌아볼 줄 모르고 다시 본 줄
모르고 자본주의 껍질 포장의 개발 논리에 다 있다는 화려한 문명
의 이기가 화려해서 눈을 잃고 귀를 잃고 돌아볼 줄 모르고 다시
본 줄 모르고 끌려가니 착각에 착시에 모두가 고달플 것이다.

내가 있는 곳도 어제 그곳이고

내가 하는 것도 어제 그 일이고

내가 먹는 것도 어제 그 밥이고

내가 가는 곳도 어제 그곳인데

저본주의 화려함에 흔들리고 경쟁주의 달콤함에 무너지고 결과주
의 짜릿함에 넘어졌어. 보이는 것도 없고 들리는 것도 없고 잡히는
것도 없는 것이다.

인간들아 사는 것도 지나가는 착각이고

인간들아 하는 것도 스쳐가는 착각이고

인간들아 노는 것도 사라지는 착각이다.

07. 보이는 곳이 같으면 같은 꿈을 꾼다

보는 곳이 같으면 같은 꿈을 꾸는데

하는 곳이 같으면 같은 것을 아는데

가는 곳이 같으면 같은 뜻이 되는데

화려해서 올려보니 삿대질만 춤추고

달콤해서 내려 보니 귀를 잃어 알 수 없고

짜릿해서 따라가니 혼이 없어 멈출 수 없는 것이다.

너와 나 같은 것은 언제나 과정에 있는데

너와 나 우리는 언제나 중심이 있는데

모두의 관심은 서로의 경계에 있는데

화려해서 따라가니 생각이 없는 것이고

달콤해서 따라가니 기억이 없는 것이고

짜릿해서 끌려가니 고민이 없는 것이다.

이 땅은 뿌리가 될 중심의 주인도 없고

이 땅은 줄기가 될 과정의 우리도 없고

이 땅은 열매가 될 서로의 제도도 없고

끌려가는 군상들에 잡혀가는 처절함에 삿대질이 풍년이고 아우성
이 잔치하는 것이다.

08. 누가 보는 내 모습

누가 보는 내 모습에 부질없는 그 무엇에

주인 아닌 객이 되어 잡으려고 용을 쓰니

끌려가서 사는 것이 힘이 들고

내 것 아닌 껍데기 누가 보는 포장에다

벗이 없는 나를 묶어 경쟁이다 노래하니

잡혀가서 하는 것이 고달프고

'나만 더'의 움켜짐을 놓지 못해

'너보다 더'의 묶여짐을 풀지 못해 묶여가니 내가 없이 죽어가네.

산다는 것도 다른 것이 없고 한다는 것도 다를 것이 없는데
다르다는 환상 속에 나를 묶어 놓고
다름이란 망상 속에 나를 매어 놓고
죽은 돈에 눈이 없는 종이 되고
갇힌 힘에 귀가 없는 졸이 되어
끌려가도 잡아줄 누가 없고
넘어져도 세워줄 누가 없네.

09. 우리는 우리에 사는가?

집을 나서면 내가 우리가 되고 우리는 제도가 되는데
들은 나서면 내가 서로가 되고 서로는 제도에 있는데
나는 우리에 사는가?
내가 제도를 지키면 우리가 되고
서로가 제도를 지키면 시간이 되고
시간은 누구나 비용이 되고 비용은 누구나 같은 것인데
나와 너를 따로 보고 우리와 제도를 따로 보고
서로의 경계의 지킴을 외면하니
나오는 것이 불평이 되고 느는 것이 시간이 되고 치러야 하는 것
이 비용이 되는 것이다.
집을 나서면 내 손은 제도가 되는 것이고
길을 나서면 내 발은 시간이 되는 것이고
들을 나서면 내 몸은 비용이 되는 것이고

언제나 내 한 손은 제도가 되고

어디서나 내 한 발은 시간이 되고

누군가 보는 내 모습은 누구나 법이 되는 것이다.

내 손은 제도 내 발은 시간 내 몸은 비용. 손과 발 몸은 삼위일체가 되는 것이고 제도와 시간과 비용은 삼위일체는 배분의 비용을 지니고 있는 것이다.

불평을 줄이려면 내 손이 제도가 되면 되는 것이고

불만을 줄이려면 내 발이 시간이 되면 되는 것이고

불신을 줄이려면 내 몸이 비용이 되면 되는 것이다.

모든 시작은 내 손이 되고 모든 과정은 내 발이 되고

모든 결과는 내 몸이 되고 제도가 되고 시간이 되고

서로의 나섬이 자발성이 되면 시간을 얻고 비용을 얻어 불평도 삿대질도 없는 것이다.

지금 너와 나 우리가 물고 있는 불평은 내가 왕인데 라고 생각하니 불평이고 왕이 되어 손이 없어 제도가 없고 내가 돈 주는데 라고 생각하니 발이 없어 시간은 늘고 있고 왕이 되어 네가 뭔데 생각하니 품위유지비 비용이 따라오는 것이다.

집을 나와서 내가 지키는 제도는 우리를 만들고

길을 나와서 내가 지키는 질서는 서로를 만들고

들을 나와서 내가 지키는 법은 모두를 하나로 만드는 것이고 이것이 내가 우리가 서로가 주인이 되는 세상이 되는 것이다.

내 손이 제도를 지키고 내 발이 질서를 지키고 내 몸이 양심을 지키면

일상에서 더불어 살아가는 과정에서 불만 없는 세상 불평 없는 사회 불신 없는 사회가 되는 것이다.

세상은 어디서나 내가 시작의 원인, 제도가 되고

세상은 누구나 내가 시작의 과정, 시간이 되고

세상은 언제나 내가 시작한 결과, 비용을 받는 것이다.

세상의 시작은 너에 있는 것이 아니라 나에서 나로부터 시작되는 것은 불변의 이치가 되는 것이다.

10. 네가 없으면 핑계도 없다

네가 없으면 핑계가 없고 누가 없으면 이유가 없고

중심 있으면 주인이 되는데

힘을 믿으니 핑계뿐이고 돈을 믿으니 이유뿐이고

더를 믿으니 중심은 흩어지고 왕이 되니 책임 없는 핑계에 종이 되니 의무 없는 이유에 객이 되어 흔들리니 답이 없는 것이다.

인간들아 주인 사는 나라는 누구나 주인이고

인간들아 사람 사는 나라는 모두가 주인이고

인간들아 주인은 흔들리지 않는 과정의 중심에 있는 것이고

주인은 언제나 네가 없는 외로움에 누가 없는 이유에 나의 중심으로 생각해서 논리가 나오는 것이다.

힘만 믿고 무리 되면 네가 없고

돈만 믿고 패가 되면 내가 없어

세상을 바꾸자고 노래해도 논리 없는 무조건의 패가 되어 어제나 오늘이나 내일이나 다를 것이 없고 달라질 것이 없는 것이다.

정신 차리고 돌아봐라. 내가 무조건의 패가 아닌지 어제의 삿대질

과 오늘의 아우성에서 나는 어디에 있는지 나 자신을 돌아볼 수가 있어야 네가 보이고 네가 보여야 우리 사는 나라이고 내가 보여야 함께 사는 나라이다.

　세상에 너 없는 내가 있고 나 없는 네가 있다더냐.

　세상의 너는 나이고 나는 너이고 너와 내가 잡으면 우리이다.

11. 세상은 그런 곳이다

　가장 많은 것을 볼 수 있는 곳은 가장 낮은 곳이고

　가장 많은 것을 알 수 있는 곳은 활짝 열린 곳이고

　가장 많이 줄 수 있는 것은 거침없이 펴는 것이다.

　높으면 볼 수 없고 갇히면 알 수 없고 묶이면 갈 수 없고

　힘에 갇히면 너를 볼 수 없고

　돈에 갇히면 나를 볼 수 없고

　더에 갇히면 그 무엇도 볼 수가 없는 것이다.

　보여지는 힘은 언제나 화려하여 나를 가두고

　들려지는 돈은 언제나 달콤하여 나를 잡아가고

　잡혀지는 더는 언제나 짜릿하여 나를 죽이는 것이다.

　너를 볼 수 있는 눈도 내 안에 있고

　나를 볼 수 있는 귀도 내 안에 있고

　다를 볼 수 있는 혼도 내 안에 있는 것이다.

　힘을 버리면 끌려가지 않아 중심이 보이고

　돈을 버리면 잡혀가지 않고 진심이 보이고

더를 버리면 묶여가지 않아 서로가 보이는 것이다.

세상은 낮은 만큼 보이는 곳이고

세상은 비운 만큼 담아지는 곳이고

세상은 버린 만큼 잡을 수 있는 곳인데

누구나 높아지려고 하니 사는 것이 힘이 들고 누구나 갇히려고 하니 하는 것이 힘이 들고 누구나 잡으려고 하니 세상은 아귀다툼의 지옥이 되었다.

12. 세상은 모두 내 안에 있다

세상은 언제나 열린 곳에 있고 산 것은 언제나 낮은 곳에 있고 많은 것은 언제나 내 안에 있는 것이다.

돌아볼 수 있는 여유도

다시 볼 수 있는 행복도

잡아볼 수 있는 사랑도

내가 힘든 것은 선생을 잘 만난 것이고

내가 돈든 것은 사람을 잘 만난 것이고

내가 신든 것은 자신을 잘 아는 것이다.

아무리 잡아도 가는 시간

아무리 묶어도 가는 세월

아무리 막아도 오는 세월

힘을 써도 잡을 것이 없고 용을 써도 묶을 것이 없고

기를 써도 안 갈 것이 없는 곳이 세상이다.

너나, 나나 너 없는 세상에 갇혀서 나 없는 세상에 끌려가니 종이 되고 너 없는 세상에 잡혀가니 졸이 되고 누가 없는 세상에 좀을 먹으니 충이다.

이래도 잃고 살고 저래도 잃고 사니 산다는 것은 자기 하기 나름 이고 한다는 것도 자기 하기 나름이니 내 맘대로 살고 내 뜻대로 살 아보세.

13. 나를 끌고 가는 고삐

삶에서 질문을 하고 화두를 만들어라.
나는 어디서 왔고 나는 어디로 가는가?
나는 이 땅의 무엇이고 나는 지금 무엇을 하는가?
나는 이 나라의 무엇이고 나는 이 땅의 무엇인가?
나는 지금 주인으로 살고 있는지 나는 지금 주인 짓은 하고 사는지
있는 곳에서 질문을 하고 하는 곳에서 길을 묻고
가는 곳에서 반문을 하며 생각하고 고민하라.
언제나 어디서나 나에게 질문을 하면 가야 할 방향이 보이고 누 구나 방향이 보이면 내 할 일이 보이는 것이다.
그곳이 제도의 중심이 되는 것이고
그곳이 공존의 중심이 되는 것이고
그곳이 가치의 중심이 되는 것이다.
내가 있는 곳이 중심이 되고
내가 하는 것이 중심이 되고

내가 가는 곳이 중심이 되면

중심이 있는 자발성이 되고 중심이 있는 자주성이 되고

중심이 있는 자존심이 되는 것이다.

삶에서 언제나 생각을 하고

삶에서 언제나 질문을 하고

삶에서 언제나 반문을 하여

화두를 만들어 고삐를 만들어서 나를 끌고 가라.

그곳이 인간이 되고 그곳이 사람이 되고 그곳이 주인이 되는 사
람 사는 땅, 주인 되는 땅 민주주의다.

14. 보이는 것은 내 것이 아니다

보이는 것은 누구나 볼 수 있어 내 것이 아니고

들리는 것은 누구나 알 수 있어 내 것이 아니고

잡히는 것은 언제나 스쳐가니 내 것이 아닌 것이다.

보이는 것은 누구나 화려해서 포장이고

들리는 것은 누구나 달콤해서 치장이고

잡히는 것은 언제나 껍질이라 짜릿한 것이다.

화려함은 언제나 눈을 잃게 하고

달콤함은 언제나 귀를 잃게 하고

짜릿함은 언제나 혼을 잃게 하는 것이다.

우리는 패권주의 화려한 힘에 눈을 잃어버렸고

우리는 자본주의 달콤한 돈에 귀를 잃어버렸고

우리는 결과주의 짜릿한 더에 혼을 잃어버린 것이다.

보아도 따로 보니 생각이 없어지고

들어도 따로 보니 기억이 없어지고

잡아도 따로 보니 혼이 없는 객이 된 것이다.

패권주의 경쟁력에 묶어주면 끌려가고

자본주의 '더 있다'에 묶어주면 끌려가고

결과주의 '나만 더'에 묶어주면 끌려가니

잃어도 몰라보고 춤을 추고 빼앗겨도 몰라보고 박수를 치고죽어
도 몰라보고 껍질을 노래하는 것이다.

15. 사는 것은 본질이 되는 것이다

내가 사는 곳에서 본질에 충실하고

내가 하는 곳에서 본질에 충실하고

내가 가는 곳에서 본질에 충실하면

세상은 진보하고 세월은 쉬이 가는 것이다.

누구나 같은 것이 세상이고

언제나 같은 것이 세월이고

어디나 같은 것이 인간인데

본질의 내가 없어 과정의 네가 없고

본질의 중심 없어 주인인 내가 없고

따라가는 종이 되니 사는 것이 고달픈 것이다.

세상은 잃지 않는 더가 없어, 더가 없는 곳이고

세월은 놓지 않는 덜이 없어, 덜이 없는 곳인데
더 있다고 따라가니 종이 되어 잃어가고
경쟁력에 묶여지니 더 센 힘에 끌려가고
내가 있는 이곳에서 본질이 될 수도 없고
내가 하는 이곳에서 본질이 될 수도 없고
내가 가는 이곳에서 본질이 될 수도 없는 것이다.
내가 이 땅의 본질이면 내가 주인이고
내가 이 땅의 과정이면 내가 주인이고
내가 이 땅의 중심이면 내가 주인이 되는 것인데
보이는 껍질에 따라가니 본질이 될 수가 없고
들리는 포장에 따라가니 본질이 될 수가 없고
잡히는 치장에 따라가니 본질이 될 수가 없어 사는 것이 힘이 들
고 고달픈 것이다.

13

·····

세상은 언제나
중심에 있는 것이다

01. 인간은 절대 계량할 수가 없다

작다고 아이가 아니고 크다고 어른도 아니고

작다고 비용이 적은 것도 아니고 크다고 비용이 많은 것도 아니고

본다고 어른 아이 구분을 할 수도 없고 본다고 객관적이 모습을 알 수도 없는 것이고 인간은 절대 계량할 수도 없는 것이고 인간은 절대 계량될 수도 없는 것이다.

계량될 수 있는 것은 누구나 내면의 하나뿐인 양심인 것이다.

좋은 자리 있다고 좋은 사람도 아니고

좋은 집에 산다고 좋은 사람도 아니고

좋은 차를 탄다고 좋은 사람도 아니고

좋은 옷을 입었다고 좋은 사람이라고 할 수 없는 것이다.

웃는다고 내 편이 되는 것도 아니고

잡는다고 한 편이 되는 것도 아니고

편든다고 믿을 수 있는 것도 아니고

보여지는 모습은 껍질이라서 계량되어 질 수 없는 것이다.

생각의 깊이를 모르니 계량할 수도 없고

기억의 높이를 모르니 계량할 수도 없고

고민의 넓이를 모르니 계량할 수도 없고

오직 인간을 계량할 수 있는 것은 스스로 지키는 양심뿐인 것인데

자본주의는 인간을 껍질에다 묶어놓고 계량하고

결과주의는 인간을 포장에다 잡아놓고 계량하고

패권주의는 인간을 완장에다 엮어놓고 계량하여

상대가치에 욕심을 깨우고 비교가치에 탐심을 세워서 흔들리면

빨아내어 죽은 돈이 승자독식을 하는 것이다.

　내면의 양심을 팔아서 보이는 껍질에 치장을 하고

　내면의 본심을 팔아서 보이는 완장에 포장을 하고

　힘만 믿는 수치 없는 괴물이 되고 돈만 믿는 염치없는 아귀가 되어 주인 없는 인간이 되어 죽어가는 것이다.

02. 세상의 중심은 과정에 있다

　세상의 중심은 언제나 과정에 있는 것이다.

　언제나 세상의 중심은 내가 있는 오늘 여기다.

　살아있는 내가 있는 이곳이 세상의 중심이고

　너와 나의, 만남의 과정의 이곳이 제도의 경계가 되고

　너와 나의, 우리가 살아가는 경계의 이곳이 세상의 중심이다.

　이 땅은 과정이 없어 경계가 없고

　이 땅은 경계가 없어 중심이 없고

　이 땅은 제도가 없어 주인이 없는 나라이다.

　과정이 없는 결과주의 결과만 있는 패권주의

　누구나 힘만 믿는 화려한 패권주의

　어디나 돈만 믿는 달콤한 결과주의

　언제나 더만 믿는 짜릿한 경쟁주의

　누구에나 믿는 것은 힘뿐이고 어디서나 아는 것은 돈뿐이니 하루도 삿대질이 쉴 날 없고 하루도 비명 잘 날 없고 하루도 통곡소리 놀 날 없는 것이다.

내가 오늘 이곳의 중심이 되고
내가 지금 이곳의 과정이 되고
내가 여기 이곳의 경계가 되면
우리 사는 제도주의 주인 사는 민주주의가 될 것이다.

03. 나를 지켜주는 것이 중심이다

세상의 어떤 문제도 오늘 지금 여기에 있다.

과정의 그대로 살은 그대로 느낌 그대로.

살아 있어 포장할 수 없고 열려 있어 치장될 수 없는

너와 내가 살아가는 과정의 중심에 지켜 줄 경계가 있다.

내가 지키는 것이 너를 지켜주는 것이고 너를 인정하는 것이 내가 인정받을 수 있는 경계.

그곳이 우리가 되는 경계의 시작이 되고 경계의 끝이 되는 것이다.

서로가 인정하는 경계가 있는 제도는 과정의 중심이 되고

다수의 중심이 되는 그곳에서 다수의 객관적 논리가 되고

다수의 합리적인 논리가 되어야 균형의 공존이 되고 서로의 나눔이 되는 그곳이 사람이 사는 주인이 사는 곳인데

이 땅은 갇혀서 죽은 인간들이 특별에 살면서 화려한 치장으로 특별을 노래하고 다 누리고 결과의 죽은 논리로 달콤하게 치장해서 다 누려도 갈라주면 내 삶과 따로 보고 노래하고 더 누린 놈 화려하게 쪼개주면 내 편이라고 따라가서 춤을 추고 생각 없이 따라가서 무는 것이 창 값이고 기억 없이 따로 보고 내는 것이 춤 값이다.

오늘의 살아감의 피폐함도 나와는 따로 보고
지금 살고 있는 고달픔도 결과에 포장해서 따로 보고
누구나 갇힌 철 지난 지식을 숭배하고
어디서나 죽은 결과의 포장을 숭배하고
언제나 가진 자의 특별 치장을 숭배하는
경계의 과정을 외면하고 중심의 제도를 외면하고
가두는 패권권력에 박수 치고
갇혀진 죽은 지식에 춤을 추고
죽어가는 생명들을 볼 수 없는, 화려한 결과주의 풍선에 이 땅은
죽은 나라이다.

04. 놓아야 세상이 보인다

놓아야 세상이 보인다.
비워야 세상이 들린다.
버려야 세상이 잡힌다.
세상을 보려 하면 나를 멈춰야 보여지고
세상을 알려 하면 나를 비워야 들려지고
세상을 잡으려면 나를 버려야 잡혀지는 것이다.
놓으면 끌려가지 않아 세상이 보이고
비우면 따라가지 않아 세상이 들리고
버리면 묶여가지 않아 세상이 잡혀지는 것이다.
세상을 보려 하면 내 것을 놓아야 바로 볼 수 있고

세상을 알려 하면 내 것을 비워야 담아 볼 수 있고
세상을 얻으려면 내 것을 버려야 잡혀지는 것이다.
멈추면 흔들리지 않아서 중심 잃지 않고
비우면 본심 잃지 않아서 채워질 게 많아지고
버리면 잡을 것이 많아서 다 내 것이 되는 것이다.
보이는 것은 누가 보니 내 것이 아니고
들리는 것은 누가 아니 내 것이 아니고
잡히는 것은 스쳐가니 내 것이 아닌데
보이는 것에 따라가니 사는 것도 힘이 들고
들리는 것에 쫓아가니 하는 것도 고달프고
잡히는 것에 묶여지니 노는 것도 부대끼는 것이다.
세상은 공짜가 없는 곳이고 세월은 그냥이 없는 곳인데
보는 대로 따라가니 사는 것도 힘이 들고
듣는 대로 끌려가니 하는 것도 힘이 들고
잡는 대로 묶여가니 노는 것도 힘이 드는 것이다.

05. 세상을 보려면 나를 경계에 세워라

세상을 보려 하면 나를 경계에 세우고
세상을 알려 하면 나를 한계에 세워라.
세상의 경계에서 편이 없는 내가 되고
세상의 과정에서 누가 없는 내가 되면 세상이 보인다.
내가 어디서 온 누구인지 내가 무엇을 해야 할 것인지

내가 어떻게 해야 할 것인지 목적이 보이고 방향이 보이고 나를 끌고 갈 고삐가 보이고.

내가 세상의 주인이라는 것도

내가 세상의 중심이라는 것도

내가 세상의 하나뿐이라는 것도 내가 나로 보이는 것이다.

세상의 한계에서 편이 없는 내가 되고

세상의 경계에서 누가 없는 내가 되면

흔들릴 수도 넘어질 수도 쓰러질 수도 없는 것이다.

세상은 힘든 일도 버틸 만큼이고

세상은 아픈 일도 견딜 만큼이고

세상은 슬픈 일도 이길 만큼이다.

세상에 힘든 일은 나를 세우는 일이고

세상에 아픈 일은 나를 돌아보는 일이고

세상에 슬픈 일은 나를 비우는 일이다.

세상은 잃은 만큼 얻는 곳이고

세상은 버린 만큼 담는 곳이고

세상은 놓은 만큼 잡는 곳이다.

나를 경계에 세우면 나를 얻고 나를 한계에 세우면 주인을 찾는 것이다.

잃어버린 나도 경계의 그곳에 있고

죽어버린 나도 한계의 그곳에 있다.

06. 다른 곳을 보니 다른 것이다

사는 곳이 다르면 보는 것이 다르고
하는 곳이 다르면 듣는 것이 다르고
있는 곳이 다르면 잡는 것이 다르다.
사는 곳이 갇힌 곳이면 하는 것이 갇힌 것이고
하는 곳이 죽은 곳이면 잡는 것이 죽은 것이고
있는 곳이 열린 곳이면 잡는 것이 살아있는 것이다.
갇힌 곳은 과정 없는 결과만 볼 수가 있고
죽은 곳은 철이 지난 포장만 볼 수가 있고
열린 곳은 살아있는 생명을 볼 수가 있는 것이다.
과정이 끝난 갇힌 곳 결과만 있는 죽은 곳
생명이 없는 논리에 포장만 하는 죽은 곳
생명이 없는 이 땅은 껍질만 있는 이 땅은 과정이 없는, 결과에 포
장만 아는 지식의 화려함만 더 해가니 껍질 포장뿐이고 달콤함만
더 해가니 죽은 치장뿐이고 사람 없는 나라에 생명 없는 나라에 죽
어가는 화려한 깃발만 나부끼고 썩어가는 달콤한 수사만 춤을 추고
있는 것이다.
세상은 그런 곳이다.
갇히면 갇힌 것만 보고 죽으면 죽은 것만 보고 갇힌 것은 치장을
하고 죽은 것은 포장을 하는 것이다.

07. 가두려하면 갇혀야 한다

　하나를 가두려면 하나가 갇히고 하나를 묶으려면 하나가 묶이고 하나를 잡으려면 하나가 잡힌다.

　잡으려도 말고 묶으려도 말고 가두려도 말면

　세상은 가는 대로 그냥 두면 썩지 않고

　세월은 하는 대로 그냥 두면 죽지 않는 것인데

　갇힌 놈은 가두려 하고 죽은 놈은 죽이려 하니

　살은 놈의 저항은 일상이고 열린 놈의 투쟁은 일상이고

　갇힌 놈의 논쟁은 치장이고 죽은 놈의 경쟁은 포장이니

　주인은 보이지 않고 사람은 보이지 않고 삿대질이 풍년이고 아우성이 잔치하는 것이다.

　어디를 봐도 중심의 제도는 없고

　언제나 봐도 과정의 논쟁이 없고

　누구나 봐도 결과의 포장만 있으니

　갇힌 놈은 가두려 하고 죽은 놈은 묶으려 하고 미친 놈은 잡으려 하는 것이다.

　사람 사는 세상은 가둘 수도 없고

　주인 사는 세상은 묶을 수도 없고

　우리 사는 세상은 잡힐 수도 없는 곳이다.

　제도가 공존의 이유가 되고 양심이 서로의 제도가 되면

　가둘 일도 없고 묶을 일도 없는 그곳이 사람 사는 나라이고 그곳이 주인 사는 민주주의가 되는 것이다.

08. 내 것은 보이지 않는 것이다

내 것은 보이지 않는 것이고 내 것은 들리지 않는 것이고
내 것은 잡히지 않는 것이다.
보이는 것은 결과라서 죽은 것이고
들리는 것은 결과라서 죽은 것이고
잡히는 것도 결과라서 죽은 것이다.
보이는 그 무엇은 과정이 끝나서 죽은 것이고
들리는 그 누구는 생각이 끝나서 죽은 것이고
잡히는 그 어디나 결과의 끝이라 죽은 것이다.
세상은 죽은 것을 따로 보면 잃는 곳이고
세상은 갇힌 것은 따라가면 잃는 곳이다.
보이는 것은 결과라서 따라가면 잃는 것이고
들리는 것은 죽은 것이라서 따로 보면 잃는 것이고
잡히는 것도 죽은 것이라서 묶여지면 죽는 것이다.
세상은 보이지 않는 내 안에 있는데
보이는 껍질에 따라가니 사는 것이 힘이 들고
세상은 들리지 않는 내 안에 있는데
들리는 치장을 따로 보니 하는 것이 힘이 들고
세상은 잡히지 않는 내 안에 있는데
잡히는 포장에 목을 매니 힘이 들어 죽는 것이다.
세상은 스쳐가니 내 안에 남는 것이고
세상은 지나가니 내 안에 담는 것이고
세상은 사라지니 내 안에 묶는 것이다.

09. 세상은 변하는 것이다

매일 보는 그곳도 언제 보느냐 다르고
매일 듣는 그것도 누구와 듣느냐 다르고
매일하는 그 일도 어떻게 하냐가 다른데
열린 곳은 쉬지 않는 것은 변해감에 있는 것이고
산 것은 놀지 않는 것은 바꾸어짐에 있는 것이고
산다는 것은 멈춤 없는 변함이고 쉬지 않는 바꿈인데
권력에 갇힌 인간들은 변하지 않아 썩은 인간들이고
지식에 잡힌 인간들은 바뀌지 않아 갇힌 인간들이고
자본에 죽은 인간들은 변할 수 없는 죽은 인간들이다.
권력은 갇혀서 변하지 못해 힘만 믿고
지식은 잡혀서 바뀌지 못해 더만 믿고
자본은 죽어서 변할 수 없어 돈만 믿는다.
언제나 우리는 갇힌 권력을 숭배하고
누구나 모두는 잡힌 지식을 숭배하고
어디나 서로는 죽은 자본을 숭배하니
이 땅은 갇혀서 썩을 수 밖에 없는 것이고
이 땅은 막혀서 죽을 수 밖에 없는 것이다.
갇힌 놈은 화려한 완장의 패권적 힘만 믿고
잡힌 놈은 달콤한 치장의 껍질의 더만 믿고
죽은 놈은 짜릿한 포장의 결과의 돈만 믿으니
이 땅은 결과의 포장에 껍질의 치장에 사람 없는 나라에 주인 없
는 나라이다.

10. 세상은 자기 한 만큼만 받는 곳이다

요것만큼만 받겠지 자기 한만큼 받으니
저것만큼만 얻겠지 자기 한대로 얻으니
국민의 수준이 기본이고 국민의 의식이 기준이니 삿대질한다고
달라질 게 없고 아우성쳐봐야 바뀔 일이 없는 것이다.
말은 행이 아니라 책임질 수 없고
행은 법이 아니라 지켜질 수 없고
숭배하니 화려한 수사에 편이 되고
달콤하니 거침없는 화살의 독이 되어
서로의 고민 없는 갈등에 얻을 것도 없고
잃어도 지편을 모르고 죽어도 지 한 짓을 모르니
이 땅은 답이 없는 이대로이고 참이 없는 그대로다.
가보지 않은 수사에 생각 없이 춤추고
해보지 않은 언어에 기억 없이 춤추고
언제나 화려한 포장에 고민 없이 춤추니
자기가 한 만큼 받는 것이 오늘이고
자기가 주는 만큼 얻는 것이 지금인데.
아직도 화려한 수사에 따라가고 그래도 달콤한 언어에 따로 보고
껍데기 포장에 어제를 잃으니
자기 한만큼 받겠지 자기 한대로 얻겠지.
국민의 수준이 여기니 이곳의 답도 여기가 되는 것이다.

11. 별것도 없는 것이 세상이다

세상은 별것이 없는 곳이고
세상은 별일도 없는 곳이다.
세상은 다른 것이 없는 곳이고
세상은 다를 것이 없는 곳이다.
힘 있는 놈 별것도 아닌 것에 나라가 썩어가고
돈 있는 놈 별일도 아닌 것에 사람이 죽어가고
기 쓴 놈 다른 것도 없는 것에 새끼가 생겨나고
용쓴 놈 다를 것도 없는 것에 사회가 무너졌다.
갇힌 놈이 부르는 특별 노래에
죽은 놈이 부르는 경쟁력에미친 놈이 부르는 종북 노래에
특별 뒤에 잃은 자가 보이지 않으니 나라도 아니고
차별 뒤에 뺏긴 자가 보이지 않으니 제도도 아니고
선별 뒤에 죽은 자가 보이지 않으니 주인도 없는 것이다.
권력에 갇힌 놈이나 외양간에 갇힌 놈이나
자본에 갇힌 놈이나 마구간에 갇힌 놈이나
'나만 더'에 갇힌 놈이나 우리 안에 갇힌 놈이나
힘만 믿으니 같은 놈이고 돈만 믿으니 같은 놈이고 더만 믿으니
같은 놈이다.
사람이 사는 곳은 별것이 없고 주인이 사는 곳은 별일이 없고
인간이 사는 곳은 다름이 없어야 삿대질이 멈추고 비명이 멈춘다.
세상은 누가 잃지 않는 데가 없고
세상은 누가 죽지 않는 데가 없는 곳이다.

누군가 잃어야 누군가 얻을 수가 있고 무엇인가 잃어야 무엇을 얻을 수가 있는 곳이다.

지금 우리가 누리고 사는 것은 그 무엇을 잃고 얻은 껍질포장 일 뿐이다.

12. 내가 중심이면 세상은 바로 간다

세상은 내 안에 있는 것이다.

내가 중심이 되면 내가 보이고

내가 경계에 살면 네가 보이고

내가 과정에 살면 중심에 있어 원인도 결과도 보인다.

내가 흔들리지 않는 중심이 되면 태산이 되고

내가 경계의 까칠함에 살면 서로가 보이는 우리가 되고

내가 서로의 과정에 살면 제도의 주인이 보인다.

세상은 언제나 중심에 있고

세상은 어디나 중심이 있고

세상은 누구나 과정의 중심이 있다.

내가 중심이 되면 세상이 보이고

네가 과정이 되면 서로가 보이고

내가 제도가 되면 우리가 보이고

중심은 흔들리지 않고 양심이 흔들리지 않는 제도가 되면 세상은 우리가 되는 것이다.

내가 중심에 살고 내가 과정에 살고 내가 양심에 살면 그곳이 주인 사는 민주주의이다.

　사람 사는 세상은 언제나 내가 중심이 되는 것이고

　주인 사는 세상은 어디나 내가 과정이 되는 것이고

　인간 사는 세상은 누구나 내가 주인이 되는 것이다.

13. 똑바로 살면 똑바로 보인다

　내가 똑바로 살면 세상은 똑바로 보이고

　내가 똑바로 하면 세상은 똑바로 들리고

　내가 똑바로 가면 세상은 똑바로 가는 것이다.

　똑바로 살면 똑바른 눈을 얻고

　똑바로 하면 똑바른 귀를 얻고

　똑바로 가면 똑바른 발을 얻는다.

　세상은 내 사는 만큼이고

　세상은 내 하는 만큼이고

　세상은 내 가는 만큼이다.

　화려해도 흔들리지 않고

　달콤해도 중심 잃지 않고

　짜릿해도 본심 잃지 않으면

　내가 세상의 경계가 되고

　내가 세상의 중심이 되고

　내가 세상의 주인이 되는데

　내가 화려함에 흔들리고

내가 달콤함에 녹아지고
내가 짜릿함에 흩어지니
사는 것이 힘이 들고 하는 것이 고달픈 것이다.

14. 보이는 것만 보지 마라

'내가 보는 것이 다'라고 생각하면 말이 가벼워지고
'내가 듣는 것이 다'라고 생각하면 귀가 얇아지고
'내가 하는 것이 다'라고 생각하면 손은 가벼워진다.
말이 가벼우면 삿대질이 쉬워지고
귀가 얇아지면 아우성이 많아지고
손이 가벼워지면 누구 탓에 사는 것이다.
보이는 것도 과정이 끝난 결과이고
들리는 것도 과정이 지난 결과이고
잡히는 것도 과정이 죽은 결과이다.
잘 안다고 해도 내가 아는 것은 철이 지난 죽은 것이고
다 안다고 해도 내가 아는 것은 빙산 위의 먼지가 되고
더 안다고 해도 내가 잡은 것은 껍데기의 포장이다.
보는 것만 보지 마라.
듣는 것만 듣지 마라.
잡은 것만 잡지 마라.
내가 중심이 되려 하고 내가 과정이 되려 하고
내가 제도가 되려 하면 중심이 보여서 과정이 되고

과정이 되어서 경계가 되고 경계가 되어서 제도가 되는 것이다.
쉽게 흔들리지 않는 중심
쉽게 따라가지 않는 과정
쉽게 무너지지 않는 경계
그곳이 가볍지 않은 주인이 사는 곳이고
그곳이 헤프지 않은 사람이 있는 곳이다.

15. 책임지는 사회는 행에 있다

말은 가보지 않아서 책임질 일이 없고
일은 해보지 않으면 책임질 일이 없고
정은 주보지 않으면 책임질 일이 없다.
말은 오늘의 고픔이라 화려하고
일은 지금의 고픔이라 달콤하고
정은 여기의 고픔이라 짜릿하고
오늘의 화려한 말에 어제를 돌아볼 수 없고
지금의 달콤한 일에 과정을 돌아볼 수 없고
여기의 짜릿한 정에 중심을 잃어버리면 어제도 그날이고 오늘도
그날이고 내일도 그날이 되는 것이다.
말은 가보지 않으면 화려한 착각이고
일은 해보지 않으면 결과의 껍질이고
정은 줘보지 않으면 누구의 소설이다.
화려한 착각에 어제를 외면하고

달콤한 결과에 오늘을 노래하고
짜릿한 소설에 내일을 꿈꾼다면
　변할 것도 없고 다를 것도 없는 오늘의 삿대질은 질이 난 단골이
되는 것이고 내일의 아우성은 늘어난 부채가 될 뿐이다.

14
.....

세상은 무엇이나
비용이 있는 것이다

01. 보이는 것은 화려해도 본질이 아니다

보이는 것은 화려해도 본질이 아니고
보이는 것은 달콤해도 바탕이 아니다.
본질은 언제나 보이지 않는 것이고 바탕은 언제나 들리지 않는 것이다.
언제나 본질은 중심에 있어 바탕 되고
어디나 본질은 과정에 있어 바탕 되고
누구나 본질은 양심에 있어 바탕 되는 것이다.
화려한 결과주의 달콤한 경쟁주의
화려한 자본주의 달콤한 패권주의
화려한 포장에 본질은 사라지고 달콤한 치장에 바탕은 사라져버렸다.
인간이 살아야 할 바탕이 사라지고
사람이 살아야 할 중심은 사라지고
우리가 살아야 할 생명도 사라져버렸다.
화려한 문명이 본질을 잡아먹어버리고
달콤한 경쟁은 바탕을 잡아먹어버리고
인간이 가져야 할 본질의 양심을 잃어버리고
사람이 누려야 할 바탕의 가치를 잃어버리고
힘만 믿는 괴물들의 세상이 되었고 돈만 믿는 아귀들의 세상이 되었다.
보이는 것은 썩어가는 삿대질에 들리는 것은 죽어가는 비명소리 뿐이다.

02. 논리 없는 친절은 비용이다

논리적인 말은 포장이 없어 비용이 없는데
객관적인 말은 편이 없어 비용이 없는데
말이 화려해도 비용이 있고
말이 달콤해도 비용이 있고
말이 짜릿해도 비용이 있는 것이다.
말을 화려하게 포장하면 포장비용
말을 달콤하게 치장하면 치장비용
말이 짜릿하게 느껴지면 따라가서 비용을 무는 것이다.
왕의 말이 법이 되는 나라의 무조건 친절은 왕의 품위유지비가 되고 종만 사는 나라의 무조건 비굴함은 논리 없는 이 땅의 썩음이 되어버렸다.
보여지는 화려함은 언제나 비용이 되고
들려지는 달콤함은 언제나 비용이 되고
느껴지는 짜릿함은 언제나 비용이 따라오는 것이다.
비용이 없는 것은 보이지 않는 것이고
비용이 없는 것은 들리지 않는 것이고
비용이 없는 것은 잡히지 않는 것이다.
말의 경쟁적 화려함은 잃어가는 무엇이 있고
말의 경쟁적 달콤함은 빼앗기는 누군가 있고
말의 경쟁적 짜릿함은 죽어버린 제도논리가 있는 것이다.
말의 화려함에 제도적 논리는 사라지고
말의 달콤함에 합리적 중심은 흩어지고

말의 짜릿함은 지켜야 하는 주인이 따라가는 것이다.

이 땅의 잃어감은 화려하게 포장하는 말에 있고

이 땅의 썩어감은 달콤하게 치장하는 말에 있고

이 땅의 죽어감은 짜릿하게 과장하는 왕을 위한 논리 없는 말에 있는 것이다.

비용이 없는 사회는 화려한 말이 없고

비용이 없는 나라는 달콤한 말이 없고

비용이 없는 국가는 까칠함을 느낄 수 있는 제도적인 논리가 있어야 하는 것이다.

제도가 있는 나라는 스스로 하니 비용이 없고

주인이 있는 나라는 알아서 하니 비용이 없고

사람이 있는 나라는 서로가 지키니 보이지 않아서 비용이 없는 것이다.

이 땅은 화려한 친절 뒤에 논리 없는 왕만 사는 나라고

이 땅은 달콤한 친절 뒤에 제도 없는 종만 사는 나라고

이 땅은 짜릿한 친절 뒤에 주인 없는 죽은 나라이다.

03. 세상은 무엇이나 비용이 있는 것이다

스스로 하면 힘이 필요 없어 말이 필요 없고

알아서 하면 돈이 필요 없어 말이 필요 없고

시켜서 하면 힘이 들어 마음에 들지 않는다.

주인이 사는 나라는 스스로 하는 나라이고

사람이 사는 나라는 알아서 하는 나라이고
우리가 사는 나라는 서로가 하는 나라이다.
누구나 있는 데서 자주성이 있고
누구나 하는 데서 자존심이 있고
누구나 가는 데서 자발성이 있는 나라.
그곳이 주인 사는 나라고 그곳이 우리 사는 나란데
몇 푼 주면 살 수 있는 왕 자리는 종이 필요하고
서푼 받고 할 수 있는 종 자리는 존심 파는 일이 되니
사는 것이 힘이 들어 삿대질이 풍년이고
하는 것이 고달파서 아우성이 잔치하는 것이다.
인간들아 오늘 이 땅의 처절함은 왕의 품위유지비고
인간들아 지금 이 땅의 피폐함은 종이 무는 비굴함이다.
오늘도 들리는 저 소리 죽었다. 죽였다.
지금도 들리는 저 소리 죽겠다. 죽고 싶다. 는
왕만 사는 나라의 종이 무는 품위유지비다.
비용이 없는 사회는 왕이 없는 곳이고
주인이 사는 나라는 종이 없는 곳이고
모두가 사는 나라는 제도가 있는 곳이다.
스스로 하는 것이면 비용이 없어 삿대질이 없고
알아서 하는 것이면 불만이 없어 아우성이 없고
주인이 되는 곳이면 불평이 없어 여유가 있는 것이다.

04. 합리적 논리가 없는 사회

논리의 비약은 객관적 시각이 없다는 것이고
객관성이 없다는 것은 합리적 사고가 없다는 것이다.
어디를 봐도 중심이 아니니 객관성이 없고
누구나 봐도 과정이 없으니 합리성이 없다.
세상을 바꾸자고 하면서 스스로 생각이 바뀌지 않고
나라를 바꾸자고 하면서 스스로 생각이 바뀌지 않으니
이 땅은 바꿀 일도 없고 바뀔 일도 없는 것이다.
스스로 주인이면 중심의 객관적인 논리가 있고 알아서
주인이면 합리적인 논리가 나오는 것인데
중심의 주인은 보이지 않고 따라가는 종만 있고
과정의 사람은 보이지 않고 따로 보는 졸만 있으니
다를 것도 없고 달라질 것이 없는 것이다.
배운 자의 논리의 비약은 언제나 화려하고
잃은 자의 논리의 박약은 누구나 달콤하여
누린 자가 가르면 가르는 대로
가진 자가 가르면 가르는 대로
없는 놈이 춤을 추고 잃은 놈이 박수 치는데
이 땅은 달라질 것도 없고 바뀔 것도 없는 곳이다.

05. 제도는 비용을 줄인다

이제 우리는 다 줄여야 된다.

불만도 불평도 비용도 남 탓도.

주인이 되어 자발성을 찾고 사람이 되어 자존심을 찾고

서로가 되어 자발성의 하나가 되어야 하는 것이다.

제도와 시간과 비용은 3.3 같은 비율인 것이다.

주인은 되면 시간을 줄이고 제도가 되면 비용을 줄이고

비용을 줄이려면 제도를 만들어야 하는 것이다.

돈만 내면 살 수 있는 왕에 대한 무조건에서

둘이 없는 왕이 되니 법이 없는 나라에서

어디서나 종이 되어 물고 있는 품위유지비를

죽은 돈이 왕질하는 주인 없는 나라에서

갇힌 힘이 갑질하는 사람 없는 나라에서

제도를 만들어서 누구나의 자발성으로 시간을 만들고 비용을 줄이면서 불평도 불만도 줄일 수가 있는 것이다.

자발성이 제도를 만들고 자존심이 비용을 지키고

자긍심의 동기를 만들 수가 있는 그런 좋은 나라는

삶의 과정에서 나오는 서로의 양심이 제도의 경계가 되고

모두가 중심이 되는 자발성은 시간은 비용이 되는 것이다.

누구나 제도의 주인이 되는 왕이 없는 그런 나라는

어디서나 주인이 되어야 비용을 줄일 수 있고

언제든지 자발적인 제도를 만들어 낼 수 있다면 불만도 불평도 비용도 남 탓도 다 줄이는 희망이 있는 그런 나라가 될 수가 있는 것이다.

06. 세상은 나만 힘든 것 같다

나만 부족한 것 같고 나만 손해 보는 것 같고

나만 힘든 것 같고 나만 잃은 것 같고

나만 바쁜 것 같고 나만 하는 것 같고

그래서 억울하고 억울해서 나만 더에 묶여서 비교하니 멈출 수 없고

상대를 보니 쉴 수도 없고 주인 아닌 객이 되고 사람 아닌 종이 되어

내가 더 가져야 하니 내가 더 높아야 하고

내가 더 누려야 하니 내가 더 많아야 되고

내 것을 다 채우면 너와 나눌 것 같은 것이다.

인간들아 세상은 더가 없는 곳이고

인간들아 세월은 더가 없는 곳이다.

세상은 무엇을 잃지 않고 얻어지는 것이 없고 세월은 누구에도 더가 없어 쉬지 않는 것이다.

내가 중심이면 너와 나를 볼 수 있어 선이 있는 것이고

내가 과정이면 돌아볼 수가 있어 주인이 되는 것이고

나를 중심에 두고 세상을 바라볼 수가 있다면 그곳이 천당도 그곳이 지옥도 되는 것이다.

내려 보면 여유가 있어 내가 천당이 되는 것이고 올려보면 끌려가니 내가 지옥이 되는 것인데

'나만 더'에 끌려가니 사는 것이 힘이 들어 지옥이고

'나만 더'에 묶여가니 하는 것이 고달파서 지옥이고

'나만 더'에 잡혀가서 알이 없는 껍데기가 되었으니

사는 것이 힘든 것이다.

나만 부족한 것도 너를 비교하니 그렇고
나만 손해 보는 것도 상대를 보니 그렇고
나만 바쁜 것도 '나만 더'에 잡혀가서 그런 것이다.
비교하니 다 누려도 여유를 잃었고 상대를 보니 다 가져도 모자라고 더 가지려니 나 없는 내가 되어 허덕이고 사는 것이다.

07. 세상은 모든 것은 값이 있다

단순한 것은 편해서 비용이 없고
편안한 것은 포장이 없어 비용이 없고
좋은 것은 비용이 없어 보이지 않는 것이다.
단순한 것은 있는 그대로 편안한 것은 하는 그대로
좋은 것은 스스로 하는 것이고 좋은 것은 알아서 하는 것이다.
세상은 그 무엇이나 값이 있고 세상은
세상은 그 어디서나 값이 있는 것이다.
너와 나 사는 것이 힘든 것은 단순함을 치장한 값이고 우리 모두
사는 것이 힘든 것은 편안함을 포장한 값이다.
세상사는 우리 모두가 힘든 것은 스스로 주인이 아니기 때문이다.
자본주의 홍단풍에 화려하게 포장하니 단순함이 사라지고
경쟁력의 꿀단풍에 달콤하게 치장하니 편안함이 사라지고
주인 아닌 종이 되어 짜릿함을 쫓아가니 허덕이면 값을 무는 것이다.
세상은 절대 공짜가 없는 곳이고 세월은 절대 혼자 가지 않는 것

이고 살을 것은 언제나 단순함에 있고 사는 것은 누구나 편안함에
있고 좋은 것은 어디나 주인이 되는 것인데
　단순함을 포장하니 포장비용을 물고
　편안함을 치장하니 치장비용을 물고
　보여 지는 화려함을 따라가니 사는 것이 고달픈 것이다.
　포장이 없는 단순함이 치장이 없는 편안함이 보이지 않는 좋은 것
이 비용이 없는 세상이고 주인 사는 세상인데
　언제나 봐도 포장에 쌓여서 내가 없고
　누구나 봐도 치장에 쌓여서 알이 없고
　어디나 봐도 껍질에 묻혀서 객이 되니
　드는 것이 비용이고 나는 것은 불만이고
　하는 것이 포장이고 사는 것이 불평이다.

08. 글은 찔러야 맛이다

　말은 짧아야 맛이고 글은 찔러야 맛이고
　정은 나눠야 맛이고 님은 품어야 맛이고
　술은 권해야 맛이고 밥은 나눠야 맛이고
　너는 잡아야 맛이고 나는 느껴야 맛이고
　힘은 버려야 맛이고 법은 지켜야 맛이고
　참은 알아야 맛이고 덕은 지어야 맛인데
　포장지에 싸인 이 땅에는 아픈 말도 없고
　치장지에 덮인 이 땅에는 포장 아닌 글도 없으니

나눠야 할 정도 없고 품어야 할 님도 없고

취하고픈 여유도 없고 먹어야 할 시간도 없고

잡아볼 너도 없고 돌아볼 나도 없고 버려야 할 힘도 없고

지켜야 할 법도 없고 알아야 할 참도 없고 지어야 할 덕도 없는

것이다.

자본주의 홍단풍에 끌려가니 볼 수 없고

경쟁력의 청단풍에 묶였으니 알 수 없고

더 있다는 꿀단풍에 죽어가도 몰라보니 답이 없는 것이다.

법은 화려함에 취해 경계를 잃었고

힘은 달콤함에 녹아 한계를 잃었고

어디를 봐도 참이 없는 썩음은 풍년이고

언제나 봐도 덕이 없는 완장만 춤을 추고

누구를 봐도 알이 없는 껍질만 숭배하는 나라다.

돈만 주면 살 수 있는 화려한 왕 자리에

힘만 주면 얻어지는 달콤한 갑 자리에

오늘도 보이는 것은 삿대질뿐이고 지금도 들리는 것은 죽었다는

비명소리뿐이다.

09. 보이는 것은 값이 있다

보이는 것도 값이 있고 들리는 것도 값이 있고

잡히는 것도 값이 있는 것이다.

사람 사는 사회는 보이는 것이 없어야 하는 것이고

주인 사는 사회는 들리는 것도 없어야 하는 것이고
인간사는 사회는 잡히는 것도 없어야 하는 것이다.
스스로 하면 보이지 않는 것이고
알아서 하면 들리지 않는 것이고
주인이 되면 잡히지 않는 것이다.
보이는 것이 화려하니 왕이 된 품위유지비가 있고
들리는 것이 달콤하니 종이 된 비굴함의 비용이 있고
잡히는 것이 짜릿하니 죽은 포장 값의 결과가 있는 것이다.
세상은 절대 공짜가 없는 곳이다.
보이는 화려함에도 비용이 있는 것이고
들리는 달콤함에도 비용이 있는 것이고
잡히는 짜릿함에도 비용이 있는 것이다.
화려함에 보이는 그곳에는 자존심 잃은 누군가 비용을 물고
달콤하게 들리는 그곳에는 헛웃음 파는 누군가 비용을 물고
짜릿하게 잡히는 그곳에는 죽어가는 누군가 비용을 물고 있다.
보는 것만 보지 마라 죽은 포장이다.
듣는 것만 듣지 마라 죽은 치장이다.
잡는 것만 잡지 마라 죽은 껍질이다.
내가 값이 없는 보이지 않는 주인이 되고
내가 값이 없는 들리지 않는 중심이 되고
내가 값이 없는 잡히지 않는 제도가 되면
너와 나의 삿대질도 잠잘 것이고 우리 모두 악다구니 비명도 들리
지 않을 것이다.
그곳이 비용 없는 사람 사는 땅이고
그곳이 값이 없는 주인 사는 땅이고

그곳이 너와 내가 존중 받고 우리 함께 사는 공존의 생명이 사는 나라이다.

10. 좋은 것은 보이지 않는 것이다

좋은 것은 보이지 않는 것이고
좋은 것은 들리지 않는 것이고
좋은 것은 잡히지 않는 것이다.
좋은 것은 내가 하니 보이지 않는 것이고
좋은 것은 내가 하니 들리지 않는 것이고
좋은 것은 내가 하니 잡히지 않는 것이다.
보이는 것은 언제나 비용이 있고
들리는 것은 어디나 비용이 있고
잡히는 것은 누구나 비용이 있다.
주인 사는 나라는 스스로 하니 보이지 않고
사람 사는 나라는 알아서 하니 들리지 않고
우리 사는 나라는 서로가 지키니 잡히지 않는다.
스스로 하니 의무가 되고 알아서 하니 책임이 되고
서로가 지키니 권리가 되어 삿대질이 필요가 없고
아우성을 칠 일이 없고 비명 들을 일이 없는 것이다.
내가 해야 한다고 생각하면 작은 것에 고마움이 따라오고
내가 하는 것이라 생각하면 무엇이나 고마움이 따라오고
어디서나 내 것이라 생각하면 누구에나 자발성이 따라오니

세상은 네 탓 없는 좋은 세상이 되고

세상은 네가 있는 좋은 세상이 되고 그곳이 주인 사는 사람 사는 세상이다.

세상은 내가 왕이 되면 누가 종이 되어야 하고

세상은 누가 왕이 되면 내가 종이 되어야 하고

세상의 왕은 언제나 품위 유지비가 들어야 하고

종은 어디서나 비굴함으로 비용을 물어야 하는 것이다.

주인이 사는 세상은 스스로 하니 보이지 않고

사람이 사는 세상은 알아서 하니 들리지 않고

우리가 사는 세상은 서로가 지키니 비용이 없는 것이다.

삿대질이 보이지 않는 세상은

아우성이 들리지 않는 세상은

내가 있는 곳의 주인이 되고 내가 하는 곳의 중심이 되고

내가 사는 곳의 주인이 되는 것이다.

내가 주인처럼 자발성으로 살면 주인 사는 나라가 되고

내가 사람같이 자존심으로 살면 사람 사는 나라가 되고

내가 인간같이 존중받고 살면 그곳이 좋은 세상이다.

누가 내 삶을 바꿀 수도 없고

누가 내 할 일을 대신해 줄 수도 없고

누가 내 갈 길을 가줄 수가 없는 것이다.

보이는 것의 화려함을 버리고 들리는 것의 달콤함을 버리고

잡히는 것의 짜릿함을 버리면 주인 사는 사람 사는 우리 사는 나라다.

보이는 화려함도 나를 먹은 것이고 들리는 달콤함도 나를 먹은 것이고 잡히는 짜릿함도 나를 먹은 것이다,

힘을 믿는 왕이 되지 말고 돈을 믿는 종이 되지 말고
나를 믿고 너를 믿는 주인으로 살면 이곳이 좋은 세상이다.

11. 생명이 없는 땅이다

보이는 화려함이 빛나는 것은 썩어가는 발악이고
들리는 달콤함은 녹아져서 죽어가는 발악이다.
결과주의 화려함에 자발성을 잃었고
포장주의 달콤함에 껍데기만 남았다.
이 땅은 과정에 없는 자의 언어의 화려함에 썩어가고
이 땅은 결과에 사는 자의 수사의 달콤함에 죽어가는
것이다.
어디를 봐도 언어의 화려함만 춤을 추고
언제나 봐도 수사의 달콤함만 노래한다.
세상은 그 무엇이나 비용이 있고
세상은 그 누구나 비용을 가지고 사는 것이다.
지금 우리가 누리고 사는 것은 그 무엇의 잃음이고
오늘 우리가 잡고 사는 것은 껍질 따라서 나를 잃고
얻음이다.
더 있다는 화려함은 너를 잃은 포장이고
다 있다는 달콤함은 나를 잃은 껍질이다.
보여지는 화려함은 생명 없는 치장이고
들려오는 달콤함은 나를 죽인 포장이다.

자본주의 치장의 화려함에 생명의 중심은 사라지고
경쟁주의 포장의 달콤함에 제도의 주인을 잃어버렸다.
누구나 결과만 쫓아가는 과정이 없는 미친 사회
어디나 포장만 따라가는 중심이 없는 죽은 사회
생명도 보이지 않고 사람도 보이지 않고 끌려가는 군상들의 비명
소리만 들린다.

12. 말을 칼같이 찔러라

말을 하려면 칼같은 말을 하고
글을 쓰려면 비수같은 글을 쓰고
칼같은 말을 하려면 중심이 서야 되는 것이고
비수같은 말을 하려면 진심이 있는 것이고
칼같은 말을 하려면 욕심이 없어야 하고
비수같은 말을 하려면 전문성이 있어야 하는 것이다.
말이 달콤하면 치장이라서 비용이 있고
글이 화려하면 포장이라서 값을 물어야 한다.
이 땅이 썩는 것은 칼같은 말이 없고
이 땅이 죽는 것은 비수같은 글이 없기 때문에 썩어가는 것이다.
갇힌 인간들의 말은 언제나 치장이라서 달콤하고
갇혀서 죽은 인간들의 글은 언제나 포장이라서 화려한 것이다.
말은 칼이 되어 찔려야 잃을 것이 없는 것이고
글은 비수가 되어 아파야 얻을 것이 있는 것이다.

이 땅은 자본주의 왕만 사는 땅이라서 말이 치장을 하니
달콤해서 썩는 것이고
이 땅은 결과주의 종만 사는 땅이라서 글이 포장을 하니
화려해서 죽는 것이다.
말이 칼이 되려 하면 과정에 살아 있어야 하는 것이고 글이 비수
가 되려 하면 중심에 살아야 있어야 하는 것이다.
말이 화려한 포장을 덮어쓰니 이 땅이 썩었고
글이 달콤한 치장을 덮어쓰니 세상이 썩은 것이다.

13. 비용 없는 나라

제도는 스스로 하니 비용이 없고
서비스는 누가 하니 비용이 들고
제도는 스스로 하니 불만이 없고
서비스는 누가 하니 다 해줘도 불만이고
제도는 알아서 하니 불편이 적고
서비스는 누가 하니 다 해줘도 불편하고
제도는 스스로 지키면 주인이 되고
서비스는 왕이 되니 종이 있는 것이고
제도는 알아서 나서니 의무가 되고
서비스는 시켜서 하니 책임이 없고
제도는 내 안에 있어 양심이 되고
서비스는 내 밖에 있어 사심이 되고

제도는 누구나 같아서 하나가 되고

서비스는 언제나 달라 경쟁이 되고

제도는 주인을 만들어 우리가 되고

서비스는 왕을 만들어 둘이 될 수 없고

제도는 주인을 만들고 서비스는 왕과 종을 만드는 것이다.

패권주의 죽은 힘의 치장이 경쟁력이고

자본주의 죽은 돈의 포장이 왕 자리 팔아먹는 것이다.

힘만 믿는 갇힌 사회는 돈만 믿는 죽은 사회는 제도가 없으니

주인이 없는 것이고 왕만 사는 자본패권주의 사회는 서비스만 있으니

사람이 없는 종만 사는 곳이다.

주인 사는 나라는 제도가 있어 지키는 힘이 되고

사람 사는 나라는 양심이 있어 서로가 지키는 힘이 되는 것인데

이 땅은 패권주의 화려함에 보이는 것이 없고

이 땅은 결과주의 달콤함에 들리는 것이 없고

어디를 봐도 경쟁력의 힘만 보이고

언제나 봐도 결과주의 돈만 보이고

누구나 봐도 '나만 더'를 숭배하니 악다구니 삿대질이 쉴 날이 없고 짐승들의 비명소리 쉴 날이 없고 휘날리는 만장 깃발이고 쉴 날이 없는 것이다.

14. 내 한마디가 비용이다

집 나오면 정확한 내 한마디가 시간이 되고
길 나오면 정확한 내 한 손이 시간이 되고
들 나오면 분명한 내 한 발이 시간이 되고
어디서나 누가 보는 내 모습이 법이 되는데
집 나오면 왕이 되어 둘이 없는 두리 뭉실
길 나오면 종이 되어 갈쳐줘도 기억 없고
들 나오면 나만 제일 네가 없는 갑질이고
언제나 봐도 제도를 지키는 주인은 보이지 않는다.
갇힌 놈이 팔아먹는 왕 자리는 누구나 왕질하고
죽은 놈이 불러주는 서비스에 어디서나 갑질하고
잃어도 왕이 되니 악다구니 불신뿐이고 죽어도 왕질하니
삿대질만 풍년이다.
따로 보지 마라 인간들아.
지금 이 땅의 처절함은 왕의 품위유지비고
따로 보지 마라 인간들아.
오늘 이 땅의 참담함은 종이 무는 숭배 값이다

15. 생명이 없는 것이 자본주의다

그 무엇을 파괴하고 그 누구를 파괴하면 경쟁력이 되고
살은 생명을 파괴하고 자연환경을 파괴하면 개발논리다.
자본주의 파괴적 행위는 화려한 경쟁력이고
결과주의 살아있는 생명을 죽이면 '더 있다'이다.
세상은 단순한 것이다.
죽은 놈은 죽이고 갇힌 힘은 가두고
살은 놈은 살리고 열린 놈은 여는 것이다.
생명 없는 죽은 돈은 화려하게 포장을 하고
보이는 게 없는 갇힌 권력은 달콤하게 치장을 하는 것이다.
죽은 것은 무엇이나 포장하고
갇힌 힘은 언제나 가두는 것이다.
화려함에 눈을 빼앗긴 인간들이
달콤함에 귀를 빼앗긴 인간들이
껍질에 포장에 갇혀버린 시체가 되어버린 것이다.
생각 없이 죽은 돈에 따라가고
기억 없는 갇힌 힘에 따라가서
보아도 볼 수 없는 시체가 되었고
들어도 알 수가 없는 시체가 되어버린 것이다.
인간은 비인간적인 존재가 되었고
사람은 생각이 없는 괴물이 되었고
어디에도 주인은 보이지 않고 삿대질과 악다구니 비명만 들린다.
인간들아 세상은 따로인 것이 없는 곳이고

세상은 무엇이나 비용이 있는 것이다   273

인간들아 세상은 따라가면 죽은 곳이다.
화려하게 보이는 그 무엇은 우리의 삶의 바탕을 파괴하고
얻는 것이고
달콤하게 들리는 그 소리는 인간의 삶의 본질을 파괴하고
받는 것이다.
세상은 절대 공짜가 없는 곳이고 누가 잃지 않는 데가 없는 곳이다.

15
.....

세상은 그런 곳이다

01. 세상은 힘으로 규율할 수가 없다

세상은 힘으로 규율할 수가 없는 곳이다.

힘으로 세상을 규율하면 효율성은 높으나

합리성이 없는 것이고

돈으로 세상을 규율하면 신속성은 있으나

다양성은 없는 것이고

힘은 효율성은 빠름이 될 수 있으나

합리는 될 수 없는 것이고

돈은 신속성은 비용이 될 수 있으나 다수가 될 수 없는 것이다.

세상을 힘으로 규율할 수 있다고 생각하면 보이는 것이 없는 것이고 세상을 돈으로 규율될 수 있다고 생각하면 들을 수가 없는 것이다.

일상에서 말하는 힘의 화려한 단어,

경쟁력이라는 언어는 우리의 삶을 지배하고

일상에서 논하는 돈의 달콤한 단어,

돈이면 다 된다는 언어는 모두의 삶을 지배하여

빠른 것에 노예 되어 돌아볼 수 없고 많은 것에 종이 되어 찾아볼 수 없어 다수의 공존의 합리성이 사라지고 서로의 나눔의 다양성도 사라지고 누구나 화려한 힘만 믿는 결과주의 경쟁력에 어디나 달콤한 돈만 믿는 '더 있다'는 힘에 갇힌 사회는 다수의 합리성도 없고 서로의 다양성도 없고 무리되어 묶이려하고 패가 되어 엮이려하니 힘이 넘쳐 삿대질만 춤을 추고 돈에 끌려 아우성이 잔치하는 것이다.

우리가 사는 것은 힘을 버리는 것이고

모두가 사는 것은 돈을 버리는 것이고

서로가 논리의 지배자가 되어 생각하는 주인이 되고 모두가 제도 (양심)의 지배자가 되어 고민하는 사람이 되면 세상은 변할 것이고 이 땅은 바뀔 것이다.

세상은 힘도 아니고 세상은 돈도 아니고

세상은 서로의 존엄이 가치가 되어야 하고

서로의 나눔이 가치가 되어야 공존이 가치가 되는데

권력에 갇힌 자는 힘으로 규율하려니

조용한 날이 없는 것이고

자본에 갇힌 자는 돈으로 지배를 하려니

저항소리 노는 날이 없는 것이다.

힘을 믿지 말고 생각하는 논리를 믿고 돈을 믿지 말고 서로를 양심을 믿어야 사람 사는 나라가 되고 주인 사는 민주주의가 되는 것이다.

02. 세상은 다른 것이 없는 곳이다

사는 것이 다름이 없고 하는 것이 다름이 없고

가는 것이 다름이 없고 너와 내가 다름이 없고

우리 모두가 다름이 없고 서로 삶이 다름이 없다.

사는 것이 다른 것은 사는 곳이 다른 것이고

하는 것이 다른 것은 하는 일이 다른 것이고

가는 것이 다른 것은 가는 길이 다른 것이다.

다른 것이 없는데 다를 것이 없는데

다른 것을 찾으니 사는 것이 힘이 들고 다를 것을 찾으니 하는 것이 힘든 것이다.

어디서나 내가 중심이 되면 보는 것이 같아지고

누구든지 내가 중심이 되면 아는 것이 같아지고

언제든지 내가 중심이 되면 잡는 것도 같아지는 것이다.

세상을 보는 눈도 내 안에 있고

세상을 아는 귀도 내 안에 있고

세상을 여는 손도 내 안에 있는 것이다.

다른 것이 없는 나. 다를 것이 없는 너.

서로가 인정하고 모두가 하나 되면 그곳이 사람 사는 나라고 그곳이 주인 사는 나라다.

03. 이곳이 세상의 중심이다

내가 있는 이곳이 세상의 중심이다.

세상의 중심은 언제나 내가 있는 이곳에 있는 것이고

세월의 중심은 언제나 내가 가는 이곳에 있는 것이다.

살아있는 중심은 살아 있는 그곳에 있는 것이고

하고 있는 중심은 하고 있는 그곳에 있는 것이고

가고 있는 중심은 가고 있는 그곳에 있는 것이다.

세상의 중심은 높은 곳에 있는 것도 아니고

세상의 중심은 멀리 있는 것도 아니다.
언제나 보이지 않는 그곳이 중심이고
언제나 들리지 않는 그곳이 중심이고
언제나 느낄 수 없는 그곳이 세상의 중심이다.
내가 있는 중심, 내 안에 있는 제도 누가 볼 수 없어 흔들리지 않
는 중심은 내가 있는 곳에 있고 내가 하는 곳에 있고 내가 가는 곳
에 있는 것이다.
세상은 내가 중심이 되고 세월은 가는 곳이 중심이 되고
우리는 서로의 지키는 경계가 중심이 되는 것이다.
중심이 있는 사회는 흔들리지 않는 것이고
제도가 중심이 되는 사회는 썩지 않는 것이고
서로가 중심이 되는 사회는 주인이 사는 사회다.

04. 인간의 도덕성

인간이 사는 곳은 지켜야 하는 도가 있는 곳이고
인간이 하는 것은 받아야 할 리가 있는 곳이다.
도는 내 안의 양심이라 흔들리면 잃는 것이고
리는 내 밖의 관심이라 넘치면 잃는 것이고.
도는 지키는 것이라서 넘칠 수가 없는 것이고
리는 받음이라서 부채가 없다면 잘사는 것이다.
인간의 도는 누구나 지키는 양심이 되는 것이고
인간의 리는 언제나 나눔의 존중이 되는 것인데.

도는 언제나 흔들리지 않는 중심이 되고 리는 어디나 남음이 없는 관심이 되면 넘치지 않는 세상은 잘사는 것이고 부족함이 없는 세월은 잘 보내는 것이다.

세상은 용을 쓴다고 잡을 수 있는 것도 없고
세월은 기를 쓴다고 묶을 수 있는 것도 없는 것인데
인간의 도는 살아갈 누구나의 길이고
인간의 리는 살아낼 어디나의 행인데
지켜야 할 중심의 도는 경쟁력에 팔아먹고
나눠야 할 관심의 리는 홍단풍에 팔아먹고
외눈박이 종이 되어 끌려가니 돌아볼 도가 없고
갇혀버린 왕이 되어 묶여지니 찾아볼 리가 없어
사는 것이 힘이 들고 하는 것이 힘이 들고 우리가 사는 세상살이에 도가 없고 리가 없으니 모두 사는 것이 고달픔 것이다.

05. 이 땅에 넘치는 것이 힘이다

이 땅에는 넘치는 것은 힘이고
이 땅에는 따지는 것은 돈이고
이 땅에는 뭉치는 것은 줄이다.
어디서나 힘만 믿는 경쟁력에
누구나 돈만 믿는 정당성에
언제든지 줄만 믿는 무리되어
갇혀서 죽은 자가 불러주는 경쟁하라는 노래에

죽어서 갇힌 자가 갈라주는 지역주의 노래에

힘과 돈이 하나 되고 돈과 줄이 무리가 되어 이 땅이 썩어버린 것
이다.

자본주의 화려한 경쟁력 힘을

패권주의 달콤한 정당성 돈을

결과주의 짜릿한 나만의 줄을

따로 보니 답이 없고 따라가니 답이 없는 것이다.

인간들아 힘을 믿으면 짐승이 되는 것이고

인간들아 돈을 믿으면 괴물이 되는 것이고

인간들아 줄을 믿으면 아귀가 되는 것이다.

있는 데서 돌아봐라. 내가 이 땅의 당당한 무엇인지

하는 데서 다시 봐라. 내가 이 땅의 당연한 누구인지

가는 데서 찾아봐라. 내가 이 땅의 지키는 주인인지

어디서나 힘을 믿으니 법은 사라지고

누구든지 돈을 믿으니 양심이 도망가고

언제든지 줄을 믿으니 중심이 흩어지고

어디서나 힘을 믿어 제도를 지키는 자가 없고

누구든지 돈을 믿어 양심을 가진 자가 없고

언제든지 줄을 믿어 중심에 사는 자가 없는데

이 땅의 자발성은 누구에서 나올 것이며

이 땅의 자주성은 어디에서 나올 것이며

이 땅의 자존심은 무엇으로 지킬 것인지

있는 데서 돌아보면 힘에 끌려가는 종만 보이고

하는 데서 돌아보면 돈에 잡혀가는 졸만 보이고

가는 데서 돌아보면 데에 묶여있는 노예만 보인다.

인간들아 세상은 따라가면 잃는 곳이고
인간들아 세상은 따로 보면 죽는 곳이다.

06. 행은 언제나 신이다

세상은 생각으로 되는 것도 없고
세상은 고민으로 되는 것도 없고
세상은 오직 행으로만 되는 곳이다.
생각하라. 고민하라. 행동하라.
행은 무엇이나 갖다 주는 신이다.
내가 행한 만큼 받고 내가 행한 만큼 얻고
내가 비운만큼 담고 내가 버린 만큼 잡고
나를 비우고 너를 담고 나를 버리고 너를 잡으면
세상은 우리가 되고 우리는 서로의 공존이 되는 것이다.
나를 버리면 자발성이 되고
나를 지키면 자존심이 되고
우리가 되면 자주성이 되는데
생각 없는 갇힌 인간에
고민 없는 미친 인간에
행이 없는 죽은 인간에
얻을 것도 없는 인간들이 따라가서 노래하고
받을 것도 없는 인간들이 따로 보고 춤을 추니 답이 없는 것이다.
신을 믿지 마라. 행이 신이다.

어디서나 행은 신이고 누구에나 행은 신이고 언제든지 행은 신이다.
내가 행한 만큼 주는 신
내가 해준 만큼 주는 신
내가 비운 만큼 주는 신
죽은 신에 묶여지면 내가 없어 자발성의 행이 없고
없는 신에 잡혀지면 내가 없어 자존심의 행이 없고
세상은 행이 없는 그 무엇도 얻을 것이 없는 것이고
세상은 행이 신이고 행이 힘이고 행이 돈이다.

07. 세상은 따로 인 것이 없는 곳이다

세상은 따로인 것이 없어 따라가면 잃고
세상은 다른 것이 없어 따로 보면 죽는 곳이다.
너와 내가 둘이 될 수 없어 따로가 아니고
우리 모두 하나라서 둘로 보면 하나를 잃는 것이다.
너는 나의 눈이고 나는 너의 빛이고
너는 나의 밥이고 나는 너의 힘이고
너는 나의 법이고 나는 너의 님인데
따로 보면 반을 잃고 따로 가면 나를 잃는 것이다.
너의 자존심도 둘이 아닌 하나고
나의 귀한 생명도 둘이 아닌 하나고
세상은 그 무엇도 따로인 것이 없는 것이고
세상은 그 누구도 따로인 것이 없는 곳인데

갇힌 힘이 화려하게 더 있다고 갈라주니 따라가서 둘이 되었고
죽은 돈이 달콤하게 경쟁하라 갈라주니 따로 보니 둘이 되었고
화려한 지식의 갇힌 힘의 포장의 논리에
달콤한 자본의 죽은 돈의 치장의 논리에
따로 보니 둘이 되었고 달리 보니 패가 되어서
이겨야 하니 네가 없는 내가 되고
가져야 하니 누가 없는 내가 되어
사는 것이 힘이 들고 하는 것이 고달픈 것이다.
사는 것이 힘이 들어서 넘어져도 세워 줄 네가 없고
하는 것에 허덕이다 쓰러져도 받쳐 줄 내가 없고
이것은 내가 세상을 따로 본 값이 되고
이것은 내가 세상을 둘로 본 값이 되는 것이다.
세상은 절대 따로인 것이 없고 세상은 절대 달리 볼 것이 없는 곳
이다.

08. 세상 불변의 원칙

세상은 불변의 원칙은 자기가 하는 만큼 받는다는 것이고
세상은 불변의 이치는 자기가 가는 만큼만 얻는다는 것이고
자기의 수준만큼만 얻는다는 것이다.
이 땅은 이념에 묶어주면 따라가서 박수 치고
이 땅은 경쟁에 묶어주면 따로 보고 춤을 추니
국민은 따라가는 종이 되어 받은 것이 오늘이고

주인은 따로 보는 졸이 되어 받은 것이 지금이다.

삿대질도 하지 마라 생각 없이 따라가는 인간들아.

아우성도 치지 마라 기억 없이 쫓아가는 인간들아.

스스로 힘만 믿고 따라가니 힘센 놈에 종이 되어 받는 것이고

스스로 돈만 믿고 따로 보니 돈센 놈에 졸이 되어 얻는 것이다.

힘에 묶이면 끌려가는 짐승이 되는 것이고

돈에 묶이면 잡혀가는 괴물이 되는 것이다.

세상은 내가 한 만큼 받는 곳이고

세상은 내가 준 만큼 얻는 곳이고

세상은 내가 수준만큼 얻는 곳이다.

세상은 움켜쥐면 끌려가는 곳이고

묶어지면 실려 가는 곳이고 잡혀지면 죽이는 곳이다.

세상은 움켜쥐어도 잡힐 것도 없는 곳이고

세월은 잡아매도 묶이지 않는 곳이고

시간은 묶어놓아도 사라지는 곳이다.

세상과 세월을 따로 보지 말고

세월과 시간을 따로 보지 마라.

세상이 변하는 것과 세월이 가는 것과 시간이 멈추지 않는 것은
불변의 원칙이 되는 것이고 불변의 원칙에는 인간 또한 거역할 수가
없는 원칙이 되는 것이다.

09. 편이 되면 반을 잃는 것이다

세상은 편이 되면 반을 잃고
세상은 패가 되면 많이 잃고
세상은 무리 되면 모두 잃는 곳이다
편이 되면 눈을 잃어 반을 잃고
패가 되면 귀를 잃어 많이 잃고
무리 되면 혼을 잃어 모두 잃고
묶여지면 편이 되어 반을 잃고
엮여지면 패가 되어 많이 잃고
따로 보면 무리 되어 모두 잃는 것이다.
주인으로 산다는 것은 묶이지 않는 것이고
중심으로 산다는 것은 엮이지 않는 것이다.
이 땅은 편을 몰라 잃는 곳이고
이 땅은 패가 많아 잃는 곳이고
이 땅은 무리 되어 모두 잃고 죽어가는 것이다.
어디나 편을 모으려 하고
언제나 패를 만들려 하고
누구나 무리 지으려 하니 종이 되어 반을 잃고
어디나 졸이 되어 따라가니 많이 잃고
언제나 노예 되어 모두 잃고 사는 것이다.
스스로 주인이 되고 알아서 중심이 되면 삿대질도 없고 아우성도
없고 비명 없을 것인데.
누구나 힘을 믿는 편을 찾고 누구나 돈을 믿는 패가 되고
누구나 떼를 믿는 무리가 되니 삿대질에 비명소리만 들리는 것이다.

10. 힘이란 그런 것이다

힘을 믿는 놈은 자기가 보고 싶은 것만 보는 것이고
돈을 믿는 놈은 자기가 듣고 싶은 것만 듣는 것이고
더를 믿는 놈은 자기가 잡고 싶은 것만 잡는 것이다.
힘만 믿어 자기만 보니 누가 없어 외눈박이가 되고
돈만 믿고 자기만 아니 누가 없어 귀머거리가 되고
더만 믿고 따라가면 내가 없이 끌려가는 종이 되는 것이다.
힘에 갇히면 외눈박이는 짐승이 되는 것이고
돈에 갇히면 누가 없는 괴물이 되는 것이고
더에 갇히면 자기를 갉아 먹는 아귀가 되는 것이다.
세상은 그런 곳이다.
힘을 버리면 네가 보이고 돈을 버리면 내가 보이고
더를 버리면 우리가 보이는 것이다.
이 땅은 누구를 봐도 힘만 믿으니 사람이 보이지 않고
이 땅은 어디를 봐도 돈만 믿으니 주인이 보이지 않고
이 땅은 언제나 봐도 더만 믿으니 잡혀가는 종만 보이는 것이다.
넘치는 것이 힘이 되고 갇히는 것이 돈이 되고 잡히는 것이 더만
되니 비명 소리 악다구니 소리만 풍년이 드는 것이다.

11. 보는 방향이 다를 뿐이다

인간은 누구나 같은 것이고
사람은 언제나 같은 것이고
주인은 어디나 같은 것이다.
보는 방향이 같으면 생각이 같은 것이고
듣는 소리가 같으면 기억이 같은 것이고
잡는 촉감이 같으면 느낌이 같은 것이다.
권력에 갇히면 볼 수 없어 같은 놈이고
자본에 갇히면 볼 수 없어 같은 놈이고
'나만'에 갇히면 볼 수 없어 같은 놈이 되는 것이다.
권력에 갇히면 화려한 힘만 믿는 것이고
자본에 갇히면 달콤한 돈만 믿는 것이고
'나만'에 갇히면 짜릿한 더만 믿는 것이다.
힘만 믿으면 인간이 될 수 없는 것이고
돈만 믿으면 사람이 될 수 없는 것이고
더만 믿으면 주인이 될 수 없는 것이다.
완장에 갇히면 외눈박이 끌려가는 짐승이 되고
포장에 갇히면 곁눈질에 사팔뜨기 속물이 되고
껍질에 갇히면 내가 없는 주인 아닌 객이 되는 것이다.
세상은 다른 것이 없고 세상은 절다를 것이 없는 곳이다.
보는 방향이 달라서 생각이 다를 뿐이고
듣는 방향이 달라서 기억이 다를 뿐이고
하는 방향이 달라서 느낌이 다를 뿐이다.

간혀서 보는 방향은 언제나 결과만 되는 것이고
간혀서 듣는 방향은 어디나 결과만 되는 것이고
간혀서 잡는 방향은 누구나 결과의 죽은 것이니
중심에서 세상을 보려 하고 과정에서 세상을 알려 하고
경계에서 세상을 살려 하면 편이 없는 주인으로 사는 것이다.

12. 우리는 무엇을 잃어버렸나

자본주의 홍단풍에 결과주의 꿀단풍에
과정을 잃어버리고 중심을 잃어버리고
주인을 잃어버리고 양심을 잃어버렸다.
포장의 화려함에 과정을 돌아볼 수가 없고
치장의 달콤함에 중심을 돌아볼 수가 없고
완장의 짜릿함에 제도를 돌아볼 수가 없고
힘에 간힌 결과의 죽은 포장에 과정을 외면하고
돈에 간힌 치장의 죽은 특별에 중심을 외면하고
더에 간힌 완장의 죽인 제도에 모두가 환호를 하며 특별에 차별에
박수를 친다.
과정에 잃은 나는 돌아보지 못하고
중심에 지킬 나는 다시 보지 못하고
누군가 보여주는 껍질의 노예가 되어 언제나 생각이 없는 좀비 되
어 춤을 춘다.
자본주의 화려함에 눈을 잃고 과정을 잃어버렸고

결과주의 달콤함에 귀를 잃고 중심을 잃어버렸고
패권주의 짜릿함에 혼을 잃고 주인도 잃어버렸다.
결과의 껍질에 팔아버린 인간의 양심
완장의 포장에 팔아버린 인간의 본심
언제나 누구나 결과만 바라보는 외눈박이가 되어버렸다.

13. 이 땅은 그런 나라다

이 땅에 넘치는 것은 힘이요.
이 땅을 뭉치는 것은 돈이요.
이 땅은 죽이는 것은 더이요.
힘이 넘치니 어디서나 경쟁력에
돈에 뭉치니 누구나의 정당성에
더에 죽으니 언제나 무리 되어 갇혀서 죽은 놈이 불러주는 노래에
죽어서 갇힌 놈이 갈라주는 노래에 따라가니 잃는 것이고 따로 보
니 죽는 것이다.
화려한 경쟁력 힘, 달콤한 정당성 돈, 짜릿한 나만의 더.
인간들아 힘을 믿으면 짐승이 되는 것이고
인간들아 돈을 믿으면 괴물이 되는 것이고
인간들아 더를 믿으면 아귀가 되는 것이다.
있는 데서 돌아봐라 내가 무엇인지.
하는 데서 다시 봐라 내가 누구인지.
가는 데서 찾아 봐라 누가 주인인지.

힘을 믿으면 법은 사라지고 돈을 믿으면 양심이 도망가고 떼를 믿으면 중심이 흩어지고 법이 없고 양심이 없고 중심이 없는데

자발성이 있고 자주성이 있고 자존심이 있겠냐.

이 땅은 생각 없는 인간과 기억 없는 인간과 고민 없는인간들만 사는 나란데 삿대질한다고 바뀌고 악다구니친다고 달라질 것도 없는 것이다.

14. 어디를 봐도 그렇다

법은 경계가 없고 힘은 거침이 없고
삶은 깊이가 없고 정은 무게가 없고
일은 서로가 없고 알은 모두가 없다.
자본주의 홍단풍에 경쟁력의 꿀단풍에
법은 고무줄이 되었고 힘은 온 세상을 덮었고
삶은 빼앗아야 하니 네가 없어 힘들고
정은 계산을 놓으니 누가 봐도 가볍고
일은 더 잃어도 더 하겠다고 날뛰고
알은 속이 없는 포장이 되어 죽었다.
자본주의 홍단풍에 눈을 잃은 시체들
경쟁력의 꿀단풍에 귀를 잃은 좀비들
죽은 돈이 왕질하는 자본패권주의 모두가 끌려가니 사람도 보이지 않고 주인도 보이지 않는다.

15. 자본주의는 허상이다

인간들아 눈을 뜨라. 사람들아 귀를 뜨라.
자본주의 홍단풍에 문전옥답 다 팔아서
경쟁력의 청단풍에 부모형제 뿌리치고
누가 없는 도시에서 더 있다고 노래해도 편이 없어 힘이 들고
내가 없어 고달파도 돌아볼 새 없는 세상 얻은 것이 무엇이요.
잡은 것은 껍질에다 영혼 잃은 좀비 되어 끌려가서 힘이 들고
잡혀가서 고달파도 세워줄 놈 누가 없고 잡아줄 놈 내가 없어
사는 것이 힘이 들고 하는 것이 고달프지.
인간들아 돌아봐라. 사람들아 다시 봐라.
내가 있는 이곳에서 돌아보고 다시 보고
내가 가는 이곳에서 찾아보고 다시 보면
잡은 것은 껍질이고 받은 것은 포장이라
사는 것이 힘이 들고 하는 것이 고달프다.
인간들아 다시 봐라. 사람들아 찾아봐라.
사는 것이 별것 없고 있는 것이 별것 없다.
잡은 것은 스쳐가고 묶은 것은 사라지고
용을 써도 멀어지고 기를 써도 사라지고
소리 없이 가는 세상 뿌리치고 가는 세월
내가 없는 누가 되고 네가 없는 내가 되니
사는 것이 힘이 들고 하는 것이 고달픈 것이다.

16
.....

내가 보는 것은 다
껍데기다

01. 내가 보는 것은 다 껍데기다

내가 가진 것도 껍데기 내가 사는 곳도 껍데기
내가 하는 것도 껍데기 내가 타는 것도 껍데기.
너를 아는 것도 너의 껍데기
글을 아는 것도 지난 껍데기
말을 하는 것도 생각 지난 껍데기요.
내가 가진 것도 누가 보니 껍데기고
내가 사는 것도 누가 보니 껍데기고
내가 하는 것도 누가 보니 껍데기고
내가 타는 것도 누가 보니 껍데기요.
너를 아는 것도 알이 아닌 껍데기고
글을 아는 것도 철이 지난 껍데기고
말을 하는 것도 결정 지난 껍데기요.
잘산다고 해도 누가 보는 것은 껍데기고
다 안다고 해도 시간 지난 껍데기고
다 있다고 해도 치장뿐인 껍데기고
언제나 누구나 아는 것은 껍데기고
어디나 무엇이나 잡은 것은 껍데기요.
언제나 원인을 지난 것이고
어디나 과정이 지난 것이고
누구나 결과의 죽은 것이요.
쉬지 않는 시간에 놀지 않는 세상에
지나가니 껍데기고 사라지니 껍데긴데

잡겠다고 용을 쓰니 사는 것이 힘이 들고 묶으려고
기를 쓰니 하는 것이 고달픈 것이요.

02. 내가 본질의 바탕이다

까맣다고 까만 것도 아닌데
하얗다고 하얀 것도 아닌데
까만 것은 하얀 바탕의 본질이고
하얀 것은 까만 바탕이 본질인데
까맣다고 삿대질하니 사는 것이 힘이 들고
하얗다고 악다구니 치니 하는 것이 고달픈 것이다.
인간들아 보이는 것만 보지 말고 내가 본질의 바탕이 되고
인간들아 들리는 것만 듣지 말고 내가 이 땅의 본질이 되면
그곳이 사람 사는 나라고 그곳이 주인 사는 나라가 되는 것이다.
언제나 본질이 되지 못하여 갈라주면 따로 보고
언제나 바탕이 되지 못하여 갈라주면 따라가니
중심 있는 주인이 되지 못하고 지켜내는 제도가 되지 못해 얻을
것이 껍질이고 받을 것이 고달픔이다.
이 땅이 사는 것은 내가 사는 곳의 본질의 바탕이 되고
이 나라가 사는 것은 내가 하는 곳의 바탕의 주인이 되는 것이다.
보이지 않는 본질이 되고 들리지 않는 바탕이 되어
중심을 지키는 주인이 되고 경계를 지키는 소금이 되면
삿대질도 멈추어지고 비명소리도 멈추어지는 것이다.

03. 달콤한 결과에 속지 마라

나만 더 가져야 하고 나만 더 누려야 하고 나만 더 많아야 하고
'나만 더'에 팔아먹은 자존심은 둘이 없는 것이고
'너보다 더'에 팔아먹은 헛웃음은 내가 없는 것이다.
'누구나 힘이 없는데'는 힘을 믿는 종이 되는 것이고
'언제나 돈이 없는데'는 돈을 믿는 졸이 되는 것이다.
출세하려면 어쩔 수 없지 숙여야지.
밥 먹고 살려면 죽은 듯이 살아야지.
출세한 놈이 차고 있는 완장도 누가 보는 것이고
죽은 듯 살면서 먹는 밥도 누구나 세 끼 밥이다.
화려한 자본주의 속지 마라.
달콤한 결과주의 속지 마라.
자본주의는 인간을 비교가치에 묶어서 멈출 수 없는 탐욕을 깨우고
결과주의는 사람을 상대가치에 묶어서 끌고 가서 빨아 가는 것이다.
언제나 화려함으로 비교해서 잠자는 탐욕을 깨우고
어디서나 달콤함으로 상대비교를 하여 눈을 멀게 하고
승자독식주의 죽은 돈이 왕질 하는 것이다.
세상은 더는 절대 없는 것이고
누가 잃지 않는 더는 절대 없는 곳이 세상이다.
자본주의 꽃노래의 경쟁력에 너를 잃었으니
더가 없는 것이고
결과주의 홍단풍의 '다 있다'에 나를 잃었으니
더가 없는 것이고

보이는 것이 화려해도 생명 죽여 얻어진 것이고
들리는 것이 달콤해도 생명 없는 죽은 포장이다.
있는 데서 돌아봐라 탐욕에 죽어가는 생명들을.
하는 데서 돌아봐라 자존심 잃고 죽어버린 인간들을.
가는 데서 돌아봐라 흔들려서 죽어가는 양심들을.

04. 산다는 것은 전쟁이다

삶이란 전쟁이고 사는 것은 전쟁이다.
있는 곳이 전쟁터고 하는 일이 싸움이고
가는 곳이 전쟁터고 노는 곳이 싸움터다.
화려함에 흔들리지 말고 달콤함에 녹지 말고
까칠함에 날을 세워 부당함에 저항하는 힘을 베는 논리를 만들고
불편함에 투쟁하는 동지들의 목적을 만들고 비굴함을 물리치고 가
는 고삐 조여내자.
이 땅은 나쁜 놈이 가르치고 힘든 놈이 얻는 곳이다.
힘이 들면 나를 경계에 세우고
고달프면 나를 한계에 묶으면
세상에 무서울 것도 없고 겁날 것도 없는 곳이다.
그곳에 편이 없는 내가 되고
그곳에 사람 되는 내가 되고
그곳에 종이 없는 주인 사는 나라가 되는 자발성의 동기가 되고
자존심의 보류되면 너와 나 우리 사는 좋은 나라이다.

세상은 그냥 줄 놈이 없고
세상은 절로 오는 것도 아니다.

05. 받으려고 하지 마라

받으려 하지 않으면 성냄도 없을 것이고
얻으려고 하지 않으면 아쉬움도 없을 것이고
가지려고 하지 않으면 미련도 없을 것이고
편 하려고 하지 않으면 간사함도 없을 것이다.
아무리 묶어도 가는 세월에
아무리 막아도 오는 세월에
아무리 용 써도 빈손이 아닌가.
받아서 묶은 것도 지나가는 것이고
얻어서 잡은 것도 스쳐가는 것이고
가져서 엮은 것도 사라지는 것이고
가지려 헛웃음 팔고 편 하려고 자존심을 팔아도
세상은 잡으면 사라지고 묶으면 멀어지는 것이다.
가지면 가진 만큼 무거울 것이고
묶으면 묶은 만큼 끌려갈 것이고
엮으면 엮은 만큼 잡혀갈 것인데
보는 대로 따라가니 탐심이고
듣는 대로 쫓아가니 욕심이고
잡는 대로 끌려가니 껍질이다.

탐심에 욕심에 누가 보는 껍질에 내가 없는 누가 되고 주인 아닌 객이 되니 사는 것이 힘이 들고 하는 것이 고달픈 것이다.

06. 나서지 않으면 주인이 아니다

배워도 나서지 않으면 주인이 아니고
알아도 나서지 않으면 주인이 아니고
없어도 나서지 않으면 주인이 아니다.
주인이 아니면 배워도 소용이 없고
주인이 아니면 알아도 소용이 없고
주인이 아니면 잃어도 소용이 없는 것이다.
세상은 그냥 줄 놈도 없는 곳이고
세상은 그저 줄 놈도 없는 곳이다.
불의를 보고도 나서지 않으면 안 배우니만 못하고
불편을 알고도 나서지 않으면 모르는 것만 못하고
불만이 있어도 나서지 않으면 얻을 것은 없는 것이다.
세상은 따지지 않으면 곪아서 병들고
세상은 대들지 않으면 썩어서 죽는 곳이다.
배운 자가 눈을 잃으면 간사함이 더해지고
아는 자가 귀를 잃으면 비굴함이 더해지고
없는 자가 혼을 잃으면 그곳은 죽은 세상이다.
세상은 그 무엇이나 값이 있고
세상은 그 어디서나 값이 있고

세상은 그 누구에나 값이 있는 것이다.
배운 자는 배운 만큼 그 값을 해야 하는 것이고
아는 자는 아는 만큼 그 값은 해야 하는 것이고
없는 자는 없는 만큼 그 값을 해야 하는 것이고.
배운 자의 따짐이 일상이 될 수 있고
아는 자의 감시가 일상이 될 수 있고
없는 자의 저항이 일상이 될 수 있을 때.
살아있는 세상이 되고 살 수 있는 세상이 되고
썩지 않는 세상이 되는 것이다.
지식의 배운 논리는 날이 선 칼이 되고
노동의 아는 저항은 썩지 않는 소금이 되고
주인의 잃으면 따지는 저항은 법이 되는 것이다.
이 땅은 지금 힘을 벨 날이 선 칼이 없고
이 땅은 지금 돈을 벨 쳐야할 소금이 없고
이 땅은 지금 더를 벨 서로의 법이 없어 죽어가는 것이다.

07. 내가 중심이 되면 신이다

중심에 있는 자는 힘을 믿지 않는데
양심이 있는 자는 돈을 믿지 않는데
자신이 있는 자는 신을 믿지 않는데
힘을 믿으니 끌려가고 돈을 믿으니 묶여가고
신을 믿으니 자신이 없는 것이다.

인간들아 세상은 더가 없고
사람들아 세상은 무엇을 잃지 않는 더가 없는 곳이다.
중심의 고요함은 값이 없는 곳이고
양심의 투명함은 빛이 없는 곳이고
자신의 경계에는 겁이 없는 곳이다.
당당함은 힘을 믿지 않는 시작이고
당연함은 돈을 믿지 않는 과정이고
까칠함은 자신 있는 경계의 결과이다.
힘을 믿지 않으면 자기 할 일을 하는 것이고
돈을 믿지 않으면 자기 논리가 있는 것이고
신을 믿지 않으면 자기 자신이 있는 것이다.
세상은 언제나 중심에 있는 것이고
우리는 언제나 과정에 있는 것이고
자신은 언제나 경계에 받는 것이다.
힘을 믿지 않으면 네가 보이고
돈을 믿지 않으면 우리가 보이고
신을 믿지 않으면 내가 보인다.

08. 생각을 하고 살아야 논리가 나온다

이 땅은 그렇다. 까칠한 논리가 없고
이 땅은 그렇다. 달콤한 포장만 있다.
왕만 사는 이 땅은 화려한 힘만 있고

종만 사는 이 땅은 비굴한 돈만 있다.
죽은 돈이 왕질해도 돈 있는 놈 그럴 수 있지.
갇힌 힘이 갑질해도 힘 있는 놈 그래도 되겠지.
누구나 돈만 믿고 죽은 돈에 헛웃음 팔면 서비스가 되고
어디나 힘만 믿고 갇힌 힘에 자존심 팔면 능력이 되고
비굴함이 잔치하니 삿대질이 풍년이고
처절함이 잔치하니 비명 소리 풍년이다.
까칠한 제도적 논리가 없어 까칠한 법이 없고
화려한 패권적 힘만 믿어서 까칠한 참이 없고
자본주의 홍단풍에 화려해서 눈을 잃었고
경쟁력은 청단풍에 달콤해서 귀를 잃었고
더 있다는 꿀단풍에 짜릿해서 혼을 잃었고.
보아도 모르는 시체에 들어도 모르는 시체에
썩어도 따로 보는 바보에 죽어도 따라가는 멍청한 종만 보이니.
나만 더 돈만 믿는 정글의 법칙에
너보다 내가 더 힘만 믿는 동물 농장에
제도가 없어 주인도 보이지 않고 우리가 없어 사람도 보이지 않네.

09. 자본주의는 꽃이 아니다

패권주의가 화려해서 꽃이 되는 줄 알고 있고
자본주의가 달콤해서 꿀이 되는 줄 알고 있고
민영화가 짜릿해서 덕이 되는 줄 알고 있지.

패권주의 갇힌 힘이 노래를 하고
자본주이 죽은 돈이 풍장을 치고
숭배주의 배운 더가 포장을 하고.
국민 없는 나라에 주인 없는 나라에 생명 없는 나란데
이 땅에 열린 놈은 갈라주면 노래하고 따라가고
이 땅에 살은 놈은 다 잃어도 따로 보고 춤을 추니.
힘든 것은 창 값이고 돈 든 것은 춤 값이다.
인간들아 있는 데서 돌아봐라. 사는 것이 왜 힘이 드는지
인간들아 하는 데서 다시 봐라. 무엇이 고달프게 하는지
인간들아 가는 데서 찾아봐라. 누가 나를 위한 내 편인지를
세상은 멀리 있는 것도 아니고
세상은 높이 있는 것도 아니고
세상은 언제나 옆에 있는 것이다.
갇힌 놈 따라가면 잃는 것이고
죽은 놈 따로 보면 죽는 것이고
없는 놈 좋아하면 가는 것이다.
자본주의는 화려해도 꽃이 될 수 없는 것이고
민영화는 달콤해도 꿀이 될 수 없는 것이고
자본주의는 살아있는 생명을 먹어야 크는 것이고
민영화는 살아가는 나를 빼앗아먹고 크는 것이다.
물은 썩어서 먹을 수가 없어 사다 먹고
잠은 풍선 불어 깊은 잠을 잘 수가 없고
발은 나만 홀로 껍질 치장에 둘이 없고
글은 가둬놓고 교도소와 다를 것이 없고
병은 복지 이름에 어미 묶어서 빨아간다.

자본주의는 화려해도 패권주의고

민영화는 달콤해도 결과주의고

이것은 다 같은 인간이 누려야 할 바꿀 수 없고 버릴 수 없는 기본권이다.

10. 갇힌 곳은 제도가 없다

패권주의 갇힌 인간들은 사람을 만들지 않고

특별주의 갇힌 인간들은 제도를 만들지 않고

자본주의 갇힌 인간들은 주인을 만들지 않고

결과주의 갇힌 인간들은 우리를 만들지 않고

자기들만 잘살고 무리되어 잘살면서 열린 곳 사는 국민을 살은 곳 있는 노동을 동서남북 갈라주고 경쟁력에 묶어주고

힘만 믿는 종을 만들고 돈만 믿는 졸을 만들고

더만 믿는 노예 만들어 더 있다고 끌고 가서 등골 빨아 껍질에다 치장하고 경쟁력에 묶어놓고 골수 빨아 포장에다 치장이다.

이 땅을 팔아먹는 인간도 권력에 갇힌 인간이고

이 땅을 빨아먹는 인간도 특별에 갇힌 인간이고

이 땅을 죽이는 인간도 완장에 갇힌 인간이다.

인간들아 세상은 절대 단순한 것이다.

갇힌 놈이 가두고 죽은 놈이 죽이고

미친 놈이 가두고 죽은 놈이 포장한다.

11. 너 없는 내가 있냐
....

나는 되고 너는 안 되고 나는 안 되고 누는 되고

네 없는 내가 없고 나 없는 네가 없고

네가 나고 누가 나인데

'나만 더'에 묶여지고 '너보다 나'에 잡혀지고

나 없는 네가 되었고 너 없는 누가 되었어.

나는 되고 너는 안 되고 나는 안 되고 누는 되고

여기서 보면 나이고 저기서 보면 너이고

나와 네가 따로가 아닌 것이고

너와 내가 다름이 없는 것인데

'나만 더'에 병이 들어 '너보다 더'에 혼이 빠져

끌려가도 잡아줄 누가 없고 묶여가도 풀어줄 누가 없고

쓰러져도 세워줄 누가 없고 넘어져도 받쳐 줄 누가 없고

힘센 놈은 밟으려고 하고 돈센 놈은 빼앗으려 해도 내 편은

보이지 않고 함께할 누가 없다.

인간들아 보이는 것은 껍데기다 착각하지마라.

인간들아 들리는 것은 환상이이다 착각하지마라.

너는 나의 빛이고 나는 너의 밥이고

너는 나의 법이고 나는 너의 일인데

자본주의 홍단풍에 눈이 멀어 따로 보고

경쟁력의 꿀단풍에 귀가 멀어 따로 보니

네가 없어 사는 것이 힘이 들고

내가 없어 하는 것이 고달픈 것이다.

12. '더'라는 놈이 웬 수 놈이다

'더'라는 요놈이 나쁜 놈이고
'더'라는 저놈이 좋은 놈이고
세상은 더와 덜이라는 두 놈이 사는 곳이니
'더'라는 이놈이 원수 놈이다.
더 갖겠다는 나쁜 놈 더 먹겠다는 나쁜 놈.
더 팔겠다는 나쁜 놈 더 살겠다는 나쁜 놈.
있는 놈이 더 갖겠다. 먹는 놈이 더 먹겠다.
가진 놈이 더 팔겠다. 누린 놈이 더 살겠다.
'더'라는 이놈은 나쁜 놈이다.
더 내겠다는 좋은 놈 더 주겠다는 좋은 놈.
더 하겠다는 좋은 놈 더 믿겠다는 좋은 놈.
계산기 없는 좋은 놈 수판이 없는 좋은 놈.
노예라서 좋은 놈 종이라서 좋은 놈.
'덜'이라는 이놈은 좋은 놈이다.
세상은 나쁜 놈과 좋은 놈이 사는 곳이 아니고
'언제나 더'라는 나쁜 놈과 '누구나 더'라는 좋은 놈만 있을 뿐이다.
더 없는 세상에 공짜가 없는 세상에 '더'라는 힘과 '더'라는 종 더
나쁜 놈과 더 좋은 놈이다.
'더'에 묶여서 왕이 된 놈과 '더'에 잡혀서 종이 된 놈뿐이다.
나쁜 세상도 '더'라는 놈이 왕이고
좋은 세상도 '더'라는 놈이 종이다.
더도 덜도 없는 세상에 '더'라는 놈이 없으면 주인 사는 땅이 되고

'더'라는 놈만 잡으면 사람 사는 나라가 되는 것이다.

　더도 덜도 없는 균형의 제도 덜도 더도 없는 공존의 가치

　더불어 살 수 있고 생명이 살 수 있는 그런 세상은 더가 없는 곳
이다.

13. 세상이란 그런 곳이다

　보는 것이 같으면 생각이 같아지고

　듣는 것이 같으면 기억이 같아지고

　가는 방향이 같으면 행동이 같아지는 것이다.

　갇혀서 원인을 모르니 같은 것을 모르고

　죽어서 과정을 모르니 같은 것을 모르고

　결과의 철이 지난 종이 쪼가리 들고

　과정의 철이 없는 죽은 결과를 들고

　보는 것이 포장뿐이니 포장만 하고

　아는 것이 치장뿐이니 치장만 들고

　믿는 것이 완장뿐이니 완장에 사는 것이다.

　누구나 갇혀서 힘을 믿고 어디나 죽어서 돈만 믿고

　힘을 믿으니 치장이고

　돈을 믿으니 포장이고

　치장에 힘이 드니 삿대질이고

　포장에 돈이 드니 아우성이고

　누가 보는 껍데기에 잡혀가는 통곡소리뿐이다.

이 땅의 근원적 뿌리를 갉아먹는 권력에 갇힌 인간들은
이 나라의 과정의 노동줄기도 팔아먹는 죽은 인간들은
갇혀서 사람은 어디에도 보이지 않고
죽어서 주인은 어디에도 보이지 않고
미쳐서 경쟁력만 노래하고 있는 것이다.
세상은 단순한 것이다.
갇힌 놈은 가두고 죽은 놈은 죽이는 껍데기 완장 숭배주의에 결
과주의 미친 나라에 답이 없는 미친 나라다.

14. 화려함에 죽어가는 자본주의

자본주의 화려함은 눈을 잃게 하는 것이고
결과주의 달콤함은 귀를 잃게 하는 것이고
숭배주의 짜릿함은 혼을 잃게 하는 것이다.
죽은 돈이 왕질하는 자본주의 화려함은 살은 생명 죽인 것이고
갇힌 힘이 갑질하는 패권주의 달콤함은 열린 생명 죽인 것이고
죽은 신이 왕질하는 숭배주의 짜릿함은 믿는 주인 죽인 것이다.
스스로 변할 수 없는 것이 죽은 돈이고
갇혀서 변할 수 없는 것이 갇힌 힘이고
보이지 않는 죽은 신에 행을 묶는 것이 신이다.
인간들아 돈을 믿지 마라. 힘을 믿으면 짐승이 되고
사람들아 힘을 믿지 마라. 돈을 믿으면 괴물이 되고
주인들아 신을 믿지 마라. 신을 믿으면 속물이 되는 것이다.

있는 데서 돌아봐라. 보여지는 화려함은 생명 죽인 포장이고
하는 데서 다시 봐라. 들려주는 달콤함은 자존심 파는 치장이고
가는 데서 찾아봐라. 잡혀지는 짜릿함은 그 누구의 행을 묶는 것
이다.
보는 것만 보지 말고 생각해 보고
듣는 것만 듣지 말고 기억해 보고
잡는 것만 잡지 말고 숙고해 봐라.
보이는 것은 언제나 과정이 끝난 죽은 껍질이고
들리는 것은 어디나 빼앗아가는 치장 말이고
잡히는 생명이 없어 느낌이 없는 것이다.

15. 모두가 갇혀버린 사회

모두가 갇혀버렸다. 어디나 갇혀버렸다.
박차고 뛰쳐나가야 할 힘을 잃어버렸고
불근불근 솟아야 할 자신감을 잃어버렸다.
이 땅은 서열화된 패권주의 지식사회이고
이 땅은 수직적인 힘에 갇힌 계급사회이다.
갇혀지니 기능의 감각을 잃어버렸고
죽어지니 힘이 될 능력을 잃어버렸다.
교육이라는 이름 속에 갇혀버렸고
배움이라는 우리 속에 갇혀버렸다.
갇혀서 힘만 믿고 죽어서 포장만 믿고

누구나 힘을 믿는 경쟁력의 승자독식주의.
언제나 '더'만 믿어 돌아볼 수 없는 서열주의 힘에
어디나 갇혀서 끌려가니 바로 볼 수 없는 경쟁력에
누구나 껍질에 잡혀서 실려 가니 찾아볼 여유도 없는 것이다.
지식에 갇혀서 저항할 수도 없고
포장에 잡혀서 투쟁할 수도 없고
갇힌 놈이 가둬버린 패권주의 죽은 사회
죽은 놈이 묶어버린 결과주의 죽은 사회
힘만 믿어 힘이 없는 갇힌 사회.
돈만 믿어 돈이 없어 죽는 사회.
보이는 것은 화려한 껍질 포장지에
들리는 것은 달콤한 완장 포장지에
날리는 것은 짜릿한 거짓 깃발에
잃어버린 것이 살고 싶은 저항이고,
죽어가는 살고 싶은 발악이 투쟁이다.

17
·····

사는 것은
환상이고 착각이다

01. 망상에서 살다가 허상으로 가는 인생이다

있는 곳에 시가 되고 하는 것에 말이 되고
가는 곳에 뜻이 되고 보는 대로 노래하고
하는 대로 박수 치고 잡는 대로 춤을 추면
사는 것이 신이 나고 하는 것이 즐거우면 가는 것이 가볍겠지.
인생이 뭐 있소.
내 맘대로 온 것이 아니니 살아있어.
살아지고 살고 있어 사는 거지.
산다는 게 뭐 있소.
내 뜻대로 온 것이 아니니 부딪히고 소리 나면 산다는 게 아니겠소.
묶어도 가는 세상 보는 것의 삿대질은 살아있는 증거이고
잡아도 가는 세월 듣는 것의 아우성은 살고 있는 뜻이려니.
있는 곳에 힘이 들면 보는 너를 벗을 삼고
하는 것에 힘이 들면 나쁜 놈을 별을 삼고
가는 것에 힘이 들면 절망에다 베개 삼고
너도 나도 갈 것이다. 자조하면 살아지는 것이요.
내 맘대로 온 것이 아닌데 내 맘대로 하니 힘이 들고
내 뜻대로 온 것이 아닌데 내 뜻대로 하니 고달픈 것이요.
산다는 것은 같은 곳의 환상이고
살아간다는 것은 같은 것의 착각이고
인생이란 것은 망상을 쫓아가다 허상에 쓰러져서 힘 빠지면 쉬는
것이고 숨 빠지면 죽는 것이요.
잘사는 놈 먹어도 세 끼 못사는 놈 굶어도 세 끼.

잘사는 놈 입어도 세 벌 못사는 놈 벗어도 세 벌.
살은 놈 잠을 자도 세 평 죽은 놈 죽어서도 세 평.
잘살면 삼베 저고리 못살면 무명 저고리.
이것이 우리가 망상에서 살다가 허상으로 가는 인생이요.

02. 세상을 아는 것은 나를 아는 것이다

세상을 아는 것은 나를 아는 것이고
세상을 사는 것은 너를 아는 것이고
우리가 되는 것은 선을 아는 것이다.
언제나 세상의 중심이 내가 되고
누구나 세상의 과정이 누가 되고
어디나 세상의 경계에 서로가 있다면
세상은 하나의 공존이 되고 세상은 나눔의 생명이 되고
세상이 서로의 지킴이 되는데.
더 없는 세상 더 가지려니 흔들리고
더 없는 세상 더 누리려니 묶여지고
더 없는 세상 더 잡으려니 끌려가는 것이다.
그 무엇을 잡아 봐도 스쳐가니 내 것도 아니고
그 누구를 묶어 봐도 지나가니 내 것도 아니고
아무리 용을 써 봐도 사라지니 내 것이 없는 것이다.
보이는 화려함도 환상이고
들리는 달콤함도 망상이고

잡히는 짜릿함도 허상이다.

환상에서 나를 찾고 망상에서 너를 찾고 허상에서 우리를 알면
세상은 잘사는 것이다.

03. 헛수고하지 말자

헛수고하지 말자. 패가 되면 보이지 않는 것이다.
헛수고하지 말자. 무리 되면 들리지 않는 것이다.
헛수고하지 말자. 숭배하면 잡히지 않는 것이다.
세상은 좋게 보면 좋은 것만 보이고 밉게 보면 미운 것만 보인다.
힘은 나를 가두고 편은 너를 가르고
패는 나를 끌고 가고 더는 나를 옭아맨다.
내 안에 힘은 나를 돌아볼 수 없게 하고
내 안에 편은 너를 다시 볼 수 없게 하고
내 안에 더는 나를 묶어서 끌고 가는 것이다.
편이 되면 눈을 잃어 반을 잃고
패가 되면 귀를 잃어 많이 잃고
무리 되면 혼이 없어 모두를 잃는 것이다.
주인 사는 세상을 바란다면 편이 되지 말고
사람 사는 세상을 바란다면 패가 되지 말고
우리 사는 세상을 바란다면 무리 되지 마라.
편이 되면 생각이 없는 종이 되고
패가 되면 기억이 없는 졸이 되고

무리 되면 노예 되어 잃고 사는 것이다.
편이 없는 세상이 주인 사는 세상이고
패가 없는 세상이 사람 사는 세상이고
무리 없는 세상이 인간 사는 세상이다.

04. 나의 생각 우리들의 생각

누구나 다 높아야 한다는 생각
누구나 다 많아야 한다는 생각
누구나 다 가져야 한다는 생각
누구나 다 누려야 한다는 생각
누구나 다 좋아야 한다는 생각
누구나 다 경쟁을 이기는 생각.
높은 것은 낮은 누가 있어야 하는 것이고
많은 것은 없는 누가 잃어야 하는 것이고
가진 것은 잃은 누가 있어야 하는 것이고
누릴 것은 뺏긴 누가 있어야 하는 것이고
좋은 것은 죽은 누가 있어야 하는 것이고
이긴 것은 지는 누가 있어야 하는 것이다.
우리는 과정을 돌아볼 수 없어 잃은 자를 볼 수 없고
우리는 중심이 될 수 없어 빼앗긴 자를 알 수 없고
우리는 경계에 설 수 없어 죽은 자에 환호하는 것이다.
나는 언제나 얻은 자의 편이 되는 착각에 살고

나는 언제나 가진 자의 편이 되는 착각에 살고
나는 언제나 많은 자의 편이 되는 착각에 살다
중심 없는 환상에 객이 되어 허덕이다,
잡을 수 없는 망상에 사로잡혀 죽어간다.

05. 알려고도 안다고도 하지 말자

알려고도 하지 말고 안다고도 하지 말자.
내가 보는 것도 스쳐가는 것이고
내가 아는 것도 지나가는 것이고
내가 잡은 것도 사라지는 것이다.
보아봐야 그 무엇의 껍질이고
들어봐야 그 누구의 치장이고
잡아봐야 그 언제나 죽은 것이다.
공맹을 안다고 해도 지나가버린 지식이고
공맹을 외쳐 봐도 철이 지난 지혜이고
공맹을 잡아 봐도 느낌 없는 껍데기인데
보려고도 하지 말고 오늘 여기에 살고
알려고도 하지 말고 지금 이곳에 살고
잡으려도 하지 말고 여기 느낌에 살자.
오늘은 살아있는 황금이고 지금은 살고 있는 현금이고
여기의 느낌은 산 자의 갚아야 할 부채이다.
내 맘대로 온 것이 아니니 내 뜻대로 아닐지라도 오늘에 중심이 되고 지금에 과정 되고 여기 느낀 것이 제도가 되면 오늘보다는 나은 내일이 오겠지.

06. 나인 나로 살아라

나인 나로 살아라.
누로 살지 말고 나인 나로 살아라.
껍질로 살지 말고 알이 되어 살고
껍질의 포장을 찾지 말고 과장의 치장도 하지 말고.
누가 보는 내 모습은 포장 속의 껍질이다.
내가 아닌 객이 되면 사는 것이 고달프고
주인 아닌 종이 되면 하는 것이 고달프다.
세상은 언제나 내가 주인이고
사람은 누구나 내가 주인이다.
나로 살면 편이 없어 좋을 것이고
나로 살면 패가 없어 좋을 것이고
나로 살면 알이 되어 좋을 것이고
나로 살면 왕이 되어 좋을 것이고.
나인 나로 살아가면 내 맘대로 내 뜻대로
자존심에 헛웃음을 팔지 않고 사는 것이다.
나인 나로 살면 세상이 내 것이고
나인 나로 살면 세월이 내 것이고
나인 나로 살면 내가 세상의 주인이다.

끌려가지 않아 여유 있어 좋고
묶여가지 않아 행복해서 좋고
잡혀가지 않아 사랑해서 좋고
나로 살면 내가 세상이 되고
나로 살면 세상이 내 것이다.

07. 잡으려하기 때문에 힘든 것이다

너와 내가 사는 것이 힘든 것은 잡으려 하기 때문이고
우리 모두 하는 것이 힘든 것은 묶으려 하기 때문이다.
아무리 용을 써도 잡을 수 없는 것이 세상이고
아무리 기를 써도 묶을 수 없는 것이 세월인데.
잡으려하니 힘을 믿는 무리가 되고 가지려하니 돈을 믿는 패가 되
니 주인 없는 삿대질에 사람 없는 비명에 조용한 날이 없는 것이다.
세상은 잡히면 잃는 곳이고
세상은 묶이면 썩는 곳이고
세상은 엮이면 죽는 곳이다.
스쳐가는 세상 잡히면 죽는 것이고
지나가는 세월 묶이면 죽는 것이고
멈추지 않는 시간 엮이면 죽는 것이다.
주인 사는 세상은 중심에 있어 잡을 수 없고
사람 사는 세상은 과정에 있어 묶일 수 없고
인간이 사는 세상은 제도가 있어 엮일 수 없는 것이다.

잡으려고도 하지 말고 묶이려고도 하지 마라.
세상은 놓으면 다가 되고
세상은 비우면 더가 되고
세상은 잡으면 잡은 만큼이다.

08. 인간이란 그런 것이다

다 안다고 생각하면 말이 가벼워지고
다 있다고 생각하면 귀가 가벼워지고
다 한다고 생각하면 손이 가벼워진다.
아는 것에서 내가 보는 것은 껍데기이고
있는 것에서 내가 있는 것은 스치는 것이고
하는 것에서 내가 하는 것은 지나가는 것이다.
배웠다고 다 안다고 생각하지 말고
가졌다고 다 있다고 생각하지 말고
힘 든다고 다 한다고 생각하지 마라.
누가 아는 것은 내 것도 아니고
누가 있는 것은 내 것도 아니고
누가 하는 것은 내 것이 아니라서
쉽게 말을 하면 누군가 아픔이 되고 쉽게 귀를 내면 중심이 흩어
지고 쉽게 손을 내면 끌려가서 내가 없는 것이다.
내가 아는 것은 그 무엇의 껍데기이고
내가 있는 것은 그 언제나 지나가는 것이고

내가 하는 것은 그 누구나 하는 것이다.

껍데기에 말이 가벼워지고 스치는 것에 귀가 가벼워지고

힘든 것에 손이 가벼워지면 얻는 것은 껍데기고 받는 것은 힘든 것이고 잃는 것은 알이 없는 내 모습이다.

09. 세상은 빠른 것도 없다

세상은 빠른 법도 없고 느린 법도 없고

세월은 쉬는 법도 없고 노는 법도 없고

오늘은 자는 법도 없고 서는 법도 없는데.

빠른 법을 따르니 조급증에 흔들리고

쉬는 법을 모르니 잡혀가니 고달프고

자는 법을 모르니 묶여가니 서글프고.

'나만 더'의 화려함에 '너보다 더'의 달콤함에

움켜쥐고 끌려가고 묶여져서 잡혀가는 것이다.

세상은 언제나 절차의 원리가 있고

세월은 언제나 과정의 순리가 있는 것인데

화려함에 따라가서 흔들리고 달콤함에 잡혀가서 갈라지고

착각 속에 묶여져서 허덕이고 망상 속에 퍼덕대다 소리 없이 가는 것이 인생이다.

세상은 빠른 것도 없고 느린 것도 없고

세월을 쉬는 법도 없고 노는 법도 없고

오늘은 자는 법도 없고 서는 법도 없는 것이다.

빠른 것도 내 안에 있는 환상일 뿐이고
쉬는 것도 내 안에 있는 망상일 뿐이고
서는 것도 내 안에 있는 착각일 뿐이다.

10. 산다는 것은 착각이다

하는 놈 일 해도 밥 세 끼
노는 놈 놀아도 밥 세 끼
있는 놈 입어도 세 벌
없는 놈 벗어도 세 벌
살은 놈 잠자도 세 평
죽은 놈 묻어도 세 평.
세상은 별것이 없고 세상은 다른 것이 없는 곳이다.
있는 곳도 어제 그 곳 하는 일도 어제 그 일
가는 곳도 어제 그 길 자는 것도 어제 그 집.
세상은 다른 것도 다를 것도 없는데
별것도 없는 세상을 착각하니 별것이 되었고
다른 것도 없는 것을 착각하니 다를 뿐이고.
흔들리니 환상이 되어 따로 보고
쓰러지니 망상이 되어 흔들려서
빼앗기고 힘이 빠지면 죽는 것이 인생이요,
산다는 것은 같은 것에 환상이고
살아간다는 것은 같은 것에 착각이요.

잡은 것도 스쳐가는 것이니 부질없는 것이고
묶은 것도 사라지는 것이니 부질없는 것인데
보여지는 환상에서 들려지는 착각에다 용을 쓰고 악다구니치는
것이 인생이요.

11. 나를 알면 주인이다

세상을 알려거든 나를 돌아보고
세상을 바꾸려면 과정을 돌아봐라.
세상을 알게 되면 우리가 보이고
과정을 알게 되면 서로가 보이는 것이다.
너와 내가 사는 나라 우리 모두 사는 나라는
내가 중심이고 네가 과정이다.
힘을 믿으면 중심을 잃어 끌려가고
돈을 믿으면 경계를 넘어 잡혀가고
더를 믿으면 우리의 과정을 볼 수 없다.
내 안에 힘을 버리면 객관적 사고가 되고
나 밖에 돈을 버리면 합리적 과정이 되고
중심이 가치가 되면 공존의 가치가 되고
균형의 보편이 되면 하나의 가치가 되는 것이다.
주인이 사는 나라는 나를 아는 주인이 되고
우리가 사는 나라는 너를 잡는 세상이 되고
세상을 아는 것은 나를 아는 것이고

세상을 바꾸는 것은 너를 아는 것이다.

세상은 내 안에 있고 우리는 과정에 있다.

내 안에 힘을 버리는 것이 주인이 되는 것이고

내 밖에 돈을 버리는 것이 사람이 되는 것이다.

힘이 없어야 나를 돌아볼 수가 있고

돈이 없어야 너를 바로볼 수가 있고

나를 알아야 주인으로 살고 너를 알아야 우리 되어 사는 것이다.

12. 이래도 한 세상 저래도 한 세상

내 맘대로 온 것이 아니니 내 맘대로 될 것이 없고

내 뜻대로 온 것이 아니니 내 뜻대로 될 것도 없고.

살다가 힘이 들면 나쁜 놈이 선생이다 생각하고

가다가 힘이 들면 못된 놈의 가르침이다 되뇌고.

하다가 힘이 들면 누가 보는 껍질 값이다 생각하고

놀다가 고달프면 따라가는 놈이 잃는 놈이다 자조하면

나쁜 놈에 감사하며 못된 놈에 감사하며 흔들리지 않을 것이고

중심 잃지 않을 것이요.

세상이 별것 있소. 세월이 별것 있소.

잡을 수가 없으니 내 맘이나 추스르고

묶을 수가 없으니 내 뜻에나 맞춰야지.

삿대질 해봐야 내 팔만 아프고

아우성 쳐봐야 내 목만 아프니

이래도 한세상 저래도 한세상.
살다 보면 오는 세월에 잡은 놈은 잡혀갈 것이고
가다 보면 가는 세월에 누린 놈도 묶여갈 것이니
그날을 희망 삼고 가다 보면 나를 끌고 가는 고삐가 될 것이고
그곳에 나를 묶어 살다 보면 나의 뜻이 되는 동무가 될 것이요.
산다는 게 별것 있고 간다는 게 별것 있소.
다 내 안에 있는 것을 꺼내보고 다져보고 돌아보고 생각하고
고민하고 행동하는 것이 아니겠소.

13. 산다는 것은 그런 것이요

콩 튀듯이 살아도 팥 튀듯이 살아도
잡을 것이 없고 묶을 것도 없고
바람처럼 살아도 구름 같이 살아도
담을 것이 없고 엮은 것이 없네.
이 땅에서 산다는 것은 힘든 일이고
이 나라에서 살아낸다는 것은 고달픈 일이다.
첫닭 울고 집 나와서 이슬 맞고 들어가도
잡은 것도 없고 묶은 것도 없고
누구 없이 살아도 내가 없이 살아도
담은 것도 없고 엮은 것도 없고
이 땅에 산다는 것은 힘든 일이고
이 나라에 살아낸다는 것은 고달픈 일이요.

누구나 공수래에 빈손이고 누구나 헛수고에 빈 몸인데
잡으려니 힘이 들고 묶으려니 고달프고
담으려니 따라가고 엮으려니 따로 보고
산다는 것은 힘들 일이고 살아낸다는 것은 고달픈 일이요.

14. 산다는 것은 갈등이다

산다는 것은 갈등이고
한다는 것은 망설임이고
간다는 것은 두려움이고.
살아있는 것에 갈등하고
살아가는 것에 망설이고
다가오는 것에 두려운 것은
내 안에 중심에 있다면 갈등이 없고
내 안에 욕심이 없다면 망설임이 없고
내 안에 사심이 없다면 두려움이 없겠지.
세상은 잡을 것도 없는 곳이고
세월은 묶을 것도 없는 곳인데
잡을 수 없는 별것도 아닌 것에
묶을 수 없는 다른 것도 아닌 것에
스쳐가는 환상에 중심을 잃고
지나가는 허상에 욕심을 가지고
사라지는 망상에 사심을 먹으니 누구나 고달픈 것이다.

인간들아 세상 별것이 없는 곳이다.

잡아도 가는 것이 세상이고

묶어도 가는 것이 세월이고

용쓴다고 쉬는 것도 아닌 것이 시간이다.

15. 인생이란 그런 것이요

인생이란 그런 것이다.

내일은 좋겠지 다음은 있겠지.

내일은 되겠지 다음은 오겠지.

내일은 하겠지 다음은 보겠지.

기다림에 망상을 묶어놓고

허무함에 허상을 잡아놓고

고대함에 내일을 묶어놓고

절망함에 다음을 잡아놓고.

허덕이며 착각하고 부딪치며 착각하고

흔들리다 중심 잃고 따라가서 본심 잃고

힘 빠지면 가는 것이고 기 빠지면 가는 것이고

소리 없이 가는 것이고 누구 없이 가는 것이고

언제나 같은 것에 누구도 같은 곳에 헛수고에 착각하다

공수고에 끌려가는 그것이 사람이 사는 것이고 그것이 살아가는

인생이요.

왕만 사는 나라

펴 낸 날   2017년 10월 23일

지 은 이   김분임
펴 낸 이   최지숙
편집주간   이기성
편집팀장   이윤숙
기획편집   윤일란, 이하영
표지디자인   이윤숙
책임마케팅 임용섭, 장일규
펴 낸 곳   도서출판 생각나눔
출판등록   제 2008-000008호
주   소   서울 마포구 동교로 18길 41, 한경빌딩 2층
전   화   02-325-5100
팩   스   02-325-5101
홈페이지   www.생각나눔.kr
이 메 일   bookmain@think-book.com

• 책값은 표지 뒷면에 표기되어 있습니다.
  ISBN 978-89-6489-771-3 (03300)

• 이 도서의 국립중앙도서관 출판 시 도서목록(CIP)은 서지정보유통지원시스템 홈페이지(http://seoji.
  nl.go.kr)와 국가자료공동목록시스템(http://www.nl.go.kr/kolisnet)에서 이용하실 수 있습니다
  (CIP제어번호: CIP2017025967).